T0369972

Éléonore Laloux

Tengo Síndrome de Down ... ¿y qué?

Con la colaboración de Yann Barte

la palabra eXtrema

$$\boxed{\textit{la palabra eXtrema}}$$

El ser humano es un ser de palabra. Pero en el mundo que solemos
habitar, dentro del margen a veces estrecho del discurso corriente
(cargado de convenciones, conveniencias, falsedades y cobardías) la palabra
deja de serlo, pierde su valor. Extrañamente, hay que volverse hacia los
extremos de la experiencia humana para poder recuperar el sentido de
lo que es hablar. Tiene que venir alguien para quien acceder a la palabra
fue una lucha sin cuartel, sostenida en una soledad inimaginable, para
que entendamos lo que eso vale, para recuperar la esencia de lo humano,
que admite más versiones de lo que la «normalidad» quisiera.

Una serie de testimonios, siempre excepcionales, unas veces escritos
y publicados por sus autores para hacernos llegar su mensaje, cargado
de consecuencias, otras veces recogidos de cierto olvido, releídos
para descifrar en ellos un tesoro de experiencia, nos llevarán a trazar
el verdadero mapa de nuestro mundo. Serán varios, porque un territorio
tiene varias fronteras, limita con valles o ríos o mares o desiertos.
Y desde esos márgenes, sólo desde allí, se ve y se oye
lo que siempre se nos escapa, lo que solemos ignorar.

Éléonore Laloux

Tengo Síndrome de Down
... ¿y qué?

Posfacio de Enric Berenguer

Titulo original: *Triso et alors!*
Éléonore Laloux en collaboration avec Yann Barte
1ère édition en France en 2014 aux Éditions Max Milo
© Max Milo éditions, 2014
Tous droits reserves

© Del Posfacio: Enric Berenguer

© Traducción: Alfonso Díez

© De la fotografía de cubierta: Emmanuel Laloux

Derechos reservados para todas las ediciones en castellano

Primera edición: febrero de 2015

© Nuevos Emprendimientos Editoriales S.L.
C/ Aribau, 168-170, 1.º 1.ª
08036 Barcelona (España)
e-mail: info@nedediciones.com
www.nedediciones.com

Maquetación: Editor Service, S.L.
Diagonal, 299 entlo. 1ª – 08013 Barcelona
www.editorservice.net

ISBN: 978-84-942364-8-8
Depósito legal: B.555-2015

Impreso en España por Sagrafic
Printed in Spain by Sagrafic

Índice

1. No soy un veneno

Ya lo sé, a veces hago cosas que pueden incomodar: hablo sola, hago muecas... ¡Pero no somos veneno! Somos como los demás, vivimos como los demás. Yo me esfuerzo, hablo sola cada vez menos. Tengo un cromosoma de más, eso es todo. Mi padre dice que es «el cromosoma de la felicidad»: tengo la trisomía 21.

Es un genetista quien nos trata de «veneno», Jean-Didier Vincent, en *France Inter*. Me hace daño y me da rabia. Mi padre puso la radio a tope en casa y yo la oía desde abajo. Era la emisión *La tête au carré*, del 5 de octubre de 2012. Mi madre se alteró: «¡Es inadmisible!»

Me gustaría que los médicos dejaran de decir cosas tan duras. Palabras que hieren y que dan miedo. Es un insulto a las personas que tienen trisomía, a sus familias. En la radio hablan de los nuevos tests sanguíneos de detección precoz de la trisomía 21 al inicio del embarazo. Tests que ya se utilizan en los EE.UU desde hace un año, también en algunos países europeos. «¿Por qué habría que conservar a los trisómicos, si al fin y al cabo son un veneno para la familia?» Sí, esto es lo que dice ese médico biologista. Habla de las personas trisómicas como perjudiciales porque impiden a las familias ser felices. Yo sé que es todo lo contrario.

Mi padre piensa como yo. Dice que son prejuicios e ignorancia. Este médico conoce el cerebro humano, pero no sabe nada de las personas portadoras de trisomía 21. No como mis padres y yo. No personalmente.

Le digo a mi padre que hay que denunciarlo. De hecho soy yo quien tiene que hacerlo. No tiene derecho a tratarnos así. Podemos ser felices y dar felicidad. Mis padres le escriben una carta. Yo cuelgo un video en *Dailymotion* para decirle lo que pienso de sus palabras. Él no ha respondido. No se ha disculpado. Nada.

No acepto estas etiquetas: «disminuida», «aberración cromosómica». Es lo que les dijeron a mis padres cuando nací: soy una «aberración cromosómica». ¡Así da miedo, desde luego! Pero no es una minusvalía. Es una enfermedad que se puede tratar y se necesitan investigadores que hagan pastillas de tratamiento.[1] Mis padres consideran que de todos modos es una minusvalía ser un poco lenta, pero yo rechazo esa palabra. Me gustaría tranquilizar a las mamás. No hay que asustarlas así. Ellas tienen que hablar de eso. Es una enfermedad genética que no es difícil de sobrellevar, pero hay que vivir con ella. Hay que ayudar a la investigación y sobre todo informar y tranquilizar. Pero también hay que respetar la elección de los padres. Si no quieren quedarse con el niño, no pasa nada. Pero de todas formas es una lástima.

---

1. N. de T.: en el original se indica en nota que la expresión de Éléonore no es aquí muy correcta. Hemos tratado de reproducir esta pequeña incorrección.

2. Toda azul

A mis padres, los llamo «los enamorados»: «¡Hola enamorados!» «¿Qué tal, enamorados?» De hecho se llaman Manu y Maryse. Siempre están contentos de verme. Me dan mucho amor y buen humor. Yo les echo un cable cuando no están bien. A la gente le gusta estar conmigo porque siempre tengo una sonrisa. Y a mí todos me hacen feliz: mis padres, mi hermano, mi familia, mis amigos...

Lucho por vivir. Desde mi infancia. Y estoy muy contenta de estar aquí, si no nunca hubiera podido tocar la guitarra eléctrica, cocinar, ir a conciertos o encontrarme con mi padre en el Mac gracias a *FaceTime*, para charlar con la *webcam*. Me gusta todo eso. Y a veces, cuando no estoy bien, pongo música y escribo. Así es como despejo mi mente y me siento mucho mejor.

Nazco en Arras, el 26 de agosto de 1985. Peso 2 k 600 g. Me transfieren una hora después al Centro de Patología Neonatal del hospital municipal: estoy cianótica. Allí habían atendido a mi hermano mayor Mathurin tres años antes. Nació prematuramente, con siete meses y dos días. Mi otro hermano, Valentin, también nació allí el año siguiente. Murió una hora después de nacer. No se sabe por qué, quizás debido a un medicamento que le dieron a mi madre para retrasar el parto.

Así que, conmigo, mi madre tenía algo de miedo. Tomó todas las precauciones, desde el principio. Cambio de obstetra, de maternidad. Hizo ecografías, aceptó un cerclage para que yo aguantara en su vientre y descansó en casa durante cinco meses con una ayuda familiar.

En la maternidad, tres días después de mi nacimiento, los médicos deciden darle pastillas a mi madre para cortar la subida de la leche, sin pedirle su opinión. Dicen que no hay que apegarse a mí. El obstetra se lleva a mi padre al pasillo para anunciarle que tengo una malformación en el corazón y que soy una «aberración cromosómica». ¡Maldita palabra! Voy a morir quizás en quince días o tal vez tres semanas, no se sabe muy bien. Y además estoy completamente azul.

Mi padre ya ha imprimido las tarjetas de mi nacimiento. Entonces, deprisa y corriendo, añade unas palabras sobre mi salud. Todavía están ahí, en mi álbum de fotos: «El estado de salud de Éléonore es muy crítico. Ojalá vuestras oraciones la ayuden a permanecer con nosotros». Lo de las oraciones es para las familias de mi padre y de mi madre. Las dos son creyentes. A mis padres Dios les da un poco igual, sobre todo a mi madre. No lo traga.

Cuando les cuentan todo lo que tengo, mis padres se sienten perdidos, echos polvo. Además no saben nada de la trisomía 21. Confían en los médicos pero piensan que es una locura que les pidan que no se apeguen a mí.

Mi madre no tiene mucho apoyo, salvo por parte del personal médico y de su familia. Casi no tiene visitas en la maternidad. La gente se siente incómoda por mi trisomía. Le dan pocos regalos para mí. Pero con Valentin fue peor... Una amiga de mi madre le dice que soy un «pesado lastre». Y como ella ha trabajado con personas que tienen trisomía, mis padres todavía sienten más miedo.

Hay gente que le pregunta a mi madre: «Pero ¿cómo es que no sabías que llevabas un niño trisómico? ¿No te habías hecho una amniocentesis?»

No, mi madre no lo sabía. Y además no le hubieran hecho una amniocentesis porque era joven. Tenía 29 años. Yo sé que ella está contenta de no haberlo sabido. Dice que quizás hubiera hecho «la mayor tontería de su vida». Por miedo, porque no sabía nada y porque todavía no me conocía. A padre también le hace feliz que yo haya nacido.

En el Centro de Patología Neonatal, los médicos usan palabras diferentes, más suaves. Porque allí la gente conoce bien los problemas de los bebés. Todos tienen un discurso muy positivo: los médicos, las enfermeras y auxiliares, la directora del servicio... Incluso es un médico quien pone a mis padres en contacto con la asociación AISET, una asociación departamental de padres de niños trisómicos que mi padre dirigirá algunos meses después. Gracias al doctor Théret, mis padres se encuentran con la familia Tô mientras yo estoy todavía en el Centro de patología neonatal.

Los Tô tienen una hija, Flor, con trisomía 21. Cuando mis padres llegan a su casa, Flor está tocando el piano. Tiene 12 años. Es una familia feliz y como cualquier otra. Esto es lo que tranquiliza a mis padres: ver a una familia feliz y normal con una hija trisómica. Y además mi madre piensa que quizás no sea culpa suya haber tenido embarazos complicados, eso puede pasarle a cualquiera, incluso a médicos como los padres de Flor. El padre es obstetra y la madre médico laboral.

A mis padres no les dejan tomarme en brazos, ni siquiera tocarme. Antes era así. Hasta los médicos ignoraban que el contacto del bebé enfermo con sus padres es importante. Solo las enfermeras podían tocarme, lavarme.

A mediados de septiembre, mi madre pudo abrazarme al fin. Tengo la foto en mi álbum, lo encuentro muy bonito.

Salgo del centro después de dos meses y medio de cuidados intensivos y todavía con una salud muy débil, el 4 de noviembre. Mis padres se acuerdan de la fecha. Todavía me cuentan esa historia muy a menudo. Estoy muy delgada y respiro mal. Mi estado no es tranquilizador y los médicos tampoco lo son. Algunos son muy pesimistas, aunque otros dan esperanzas a mis padres.

Me bautiza, veinte días después, el abad que había casado a mis padres. Me bautizan porque se sienten completamente perdidos y además así es más fácil que me acepten mis abuelos paternos, que son muy católicos.

Lo hacen en la sala de estar, en el sofá, creo, sólo con mis padres, mi hermano Mathurin, mis abuelos, mi padrino y mi madrina. Todavía estoy mal de salud. Respiro mal por las noches y mis padres se levantan constantemente para colocarme bien. Debido a mi malformación de corazón. Me ahogo con cada biberón. Entonces sólo me daban de comer de a poquitos. A los 4 meses todavía me dan siete comidas. También tengo una bombona de oxígeno al lado de mi cuna, se la llevan a todas partes, en cada desplazamiento, al hospital o a casa de mis abuelos.

Tienen que hospitalizarme a menudo debido a mis problemas respiratorios y a las infecciones. Casi cada mes. No gano peso. Me canso con sólo tomar el biberón, así que no tengo tiempo para crecer. Mi madre me contó que me costaba media hora beber

30 ml. Pero no es por eso que soy bajita. Mido 1,41. Las personas con trisomía son pequeñas, así es la cosa.

Aparte de mis problemas de salud, parece que soy una niña fácil. Por suerte para mis padres, porque de problemas de salud tengo un montón...

3. Una maldita guarrada

«¡Era una maldita guarrada!» Eso dijo el profesor Binet a mis padres al salir del quirófano.

Con un año, sólo peso 5 k 700 g y todavía tengo muchos problemas de salud. Mis padres están agotados. Se levantan más de diez veces cada noche, por turnos, para ponerme bien cuando me ahogo.

Mi insuficiencia cardíaca puede estropear mis pulmones. Hay que operar. Es una intervención larga y muy peligrosa. Pero no hay elección. Me llevan al hospital de Lille y desde allí me envían al Centro quirúrgico Marie Lannelongue en el Plessis-Robinson. Ahí es donde me opera el profesor Binet a corazón abierto el 9 de septiembre de 1986. La intervención dura doce horas.

Para esa operación se necesita siete veces mi volumen de sangre. Entonces, para apoyarme, profesores y padres de alumnos donan su sangre en el instituto Louez Dieu, donde mi padre es profesor de artes plásticas. La camioneta se instala en el patio y durante todo el día la gente va desfilando. Son más de cien. Incluso hubo un artículo en *La Voix du Nord*. Mi padre conoce bien al director del instituto, Henri Vignolle. Ahora está jubilado y se ocupa de los sin-papeles en Calais. Les lleva comida a sus tiendas, en camión, lava su ropa, los ducha.

Después de mi operación todo se complica aún más. Al día siguiente, los médicos tienen que volver a abrirme porque un catéter ha quedado atrapado en una sutura. Y tres semanas más tarde hago una infección por estafilococo áureo. No sé muy bien qué es —una palabra más que tengo que apuntar en mi cuaderno. Pero sé que eso también es una «maldita guarrada». Es lo que dice mi padre. Luego hay otra intervención quirúrgica, debido a una mediastinitis. Así que me queda una cicatriz muy grande en el esternón. Dicen que no es «muy bonita de ver».

Estoy en reanimación hasta finales de octubre. Sigo aún en un lugar estéril y mis padres no pueden verme. Los cirujanos les explican que si fuera una adulta me hubiera dejado morir, de tanto que debo estar sufriendo. También les advierten que tengo una posibilidad sobre dos de sobrevivir y que pueden decidir no continuar conmigo.

Todavía tengo que luchar para mostrar que quiero vivir. Pero no sé hablar. De todas formas tengo las cuerdas vocales atrapadas por los tubos que tengo en la boca para que me alimenten.

Luego dejan que mis padres me vean. Me miran a través de un vidrio. Tengo los brazos y los pies atados. Estoy crucificada, con la cabeza inmovilizada y tubos por todas partes. Ellos hablan y yo los oigo. Sonrío cuando reconozco sus voces. Mis padres se emocionan. Todavía les ocurre cuando me cuentan esta historia.

Durante tres meses y medio, lucho y sonrío a mis padres para tranquilizarlos. Me alimentan con muchas proteínas para favorecer que vuelvan a crecer los tejidos y se cierre mi esternón. Tengo vendajes por todas partes y tubos en la boca, en la nariz... también cuando salgo de reanimación. Mi madre los aparta un poco para las fotos, para que se vea parte de mi cabeza. Pero saco la lengua en todas las fotos porque no puedo tener a mi ortofonista en el hospital para hacer mis ejercicios.

El 23 de noviembre me quitan todos los tubos. Vuelvo a casa unos días antes de Navidad. Mi hermano Mathurin estaba muy inquieto todo este tiempo que yo permanecí en el hospital. Tiene cuatro años y medio. Cuando vuelvo a casa, me dice: «Estoy contento de que no te hayas muerto».

4. ¡Venga, vamos!

«¡Venga, vamos!» Así es como mis padres me han dado marcha siempre, desde que nací. Y esto me ayuda. También ahora, cuando voy a comprar a *Lecrerc*, me meten prisa. Empezamos cada uno por un lado y trato de terminar antes que ellos. Uso el escáner,[2] voy a la caja, pago y espero sentada en un banco a que terminen sus compras. Mi padre lo hace tranquilamente, como yo, mi madre va un poco disparada, pero está bien así.

Desde que mis padres conocieron a la familia Tô, cuando yo nací, y vieron lo feliz que parecía Flor, tuvieron esperanzas y decidieron ayudarme lo más posible para que siempre siguiera progresando. Me estimulan constantemente. Hacen todo lo que pueden para que me vuelva rápidamente autónoma. Están felices cada vez que hago algo nuevo, aunque sea muy sencillo. Están pendientes del menor progreso: la primera vez que me aguanto sentada, la primera vez que agarro el tapón del biberón... Y todo lo fotografían.

Mis padres me llevan también a todos los especialistas. Cuando observan que, siendo aún bebé, saco la lengua, me llevan primero a un ortofonista. Ocurre a menudo en los bebés con trisomía: se nos cae la lengua. Todas las semanas vamos a Douai a ver a una ortofonista que conoce muy bien a los bebés con trisomía 21. Vamos allí con mi botella de oxígeno en el coche. La ortofonista enseña a mis padres cómo estimular mi lengua, como hacer

---

2. N. de T.: *scan-achat*.

que mis labios se pongan más fuertes, dándome de comer con una cucharita y apoyándola en mi lengua. Enseguida dejo el biberón para comer potitos. Mis padres incluso pegaron en mi álbum de fotos las etiquetas de los potitos Guigoz con albaricoque, manzana o zanahoria.

Consultan en todas partes: una fisioterapeuta para enderezar mis pies y hacer ejercicios respiratorios, una psicomotricista. Luego podólogos para mis pies planos, una ortodontista, un oftalmólogo para corregir mi estrabismo. Tengo que llevar un parche en las gafas durante casi dos años porque bizqueo, y hago ejercicios con un dedo para bizquear todavía más y así corregir. Miro mi dedo o un bolígrafo que se acerca y no tengo que dejar de mirarlo hasta que llega casi a tocarme la nariz. Mis padres me llevan también a pediatras, psicólogos, cardiólogos, neumólogos, estomatólogos... Van corriendo a todas partes, me llevan también a consultas especializadas en París, al Instituto Jerôme Lejeune, luego al Hospital Necker. Algunos médicos no se esfuerzan demasiado por entender las causas y dicen que mis problemas de salud son debidos a mi trisomía. Pero esto es demasiado fácil... así que mis padres siguen buscando consejos en otros lugares.

5. Declaración de guerra

No me gusta estar rodeada de niños. Me dan miedo sus juegos, sus gritos, sus movimientos bruscos. No consigo seguirlos, se mueven demasiado para mí. Y me aterroriza que se peleen.

A los 3 años entro en la escuela maternal. Es un nuevo reto para mí. Mis padres tienen algo de miedo porque no me integro, me empujan. Soy un taponcito. Soy muy pequeña para mi edad.

Mis padres están muy orgullosos cuando me voy con mi cartera a la espalda, como mi hermano mayor Mathurin. Él va a otra escuela, también pública. Mis padres están empeñados en que yo haga mi escolaridad en la escuela ordinaria, pero no pueden mantenerme en la escuela pública. Entro en la escuela Santa María de la Presentación. Voy allí por primera vez en 1988. Sin problemas y sin llorar. Estoy más bien tranqui y me adapto con facilidad.

Al principio a menudo me quedo en un rincón en el recreo. No me gusta el jaleo. Los ruidos me asustan, como las sirenas de ambulancia o de bomberos. Me recuerdan a todas las hospitalizaciones. Hasta hoy, cuando oigo sirenas, me tapo los oídos. Mi madre siempre me repite: «¡Vamos, Éléonore, no tengas miedo!», para que me acerque a los demás o simplemente para que entre en una tienda… A veces me empuja de verdad por la espalda para que siga. Doy un paso y ella me empuja otra vez. Eso me ayuda. También para empezar un dibujo, un ejercicio, necesito que me empuje. Tengo miedo de fallar.

Luego empiezo a acercarme a los otros niños, a tener compañeros y compañeras. Esto tranquiliza a mis padres. Pero me quedo un poco apartada. Mi hermano dice que yo tenía «un mundo paralelo». Hablaba con seres imaginarios, estaba en mi burbuja. Mis padres me pierden varias veces en *Monoprix*. Porque me voy, me paseo sola, sigo la hilera de estantes y me olvido del todo de mi familia. Así es como recibí mi primer azote. Mis padres estaban aterrorizados.

En la playa de Hardelot, en la Côte d'Opale, también pasaron mucho miedo. Yo tenía 2 o 3 años. Ahí es donde deciden comprarme en una joyería una bonita plaquita dorada. Hacen grabar en ella mi nombre y su número de teléfono. Para que no vuelva a perderme. Todavía hoy la llevo. Tengo una pequeña muñequera.

Entonces, cuando voy a los scouts con mi hermano, mi padre tiene que explicarles bien que hay que tener cuidado conmigo. Si me encuentro con un burro, me puedo quedar conversando con él y olvidarme del todo de que el grupo sigue caminando. Es cierto que me gustan mucho los burros. Son suaves, pero hay que darles hierba o zanahorias para hacerles andar. En la asociación *À Petits Pas* de Ruisseauville doy muchos paseos en burritos.

En la escuela maternal las cosas siempre fueron bien. Y todavía no hablaban de retraso escolar. Hice toda mi escolaridad en AEMO.[3] Para mis padres fue muy complicado.

Cada año las comisiones de orientación quieren enviarme a escuelas especiales. Y cada año mis padres se pelean con la escue-

---

3. N. de T.: *Action Éducative en Milieu Ouvert*. Se trata de una medida judicial de protección, por lo que los padres no pueden tomar todas las decisiones por sí solos.

la y tienen que luchar para que yo pueda permanecer allí. A veces los veo desesperados, llorando. Mi padre también.

En casa hay montañas de carpetas para la CDES (Comisión departamental de la educación especial), año tras año, con proyectos pedagógicos, informes de logopedas, de psicólogos, informes de tests, cartas al «Sr. Inspector educativo...» Gracias a mis padres crezco junto a niños como los demás, progreso y voy ganando confianza en mí misma. Pero a menudo tienen que cambiarme de escuela. Cada vez que ya no quieren saber nada de mí, me llevan a otro sitio. En la sección media de la escuela maternal, a mis padres no les cae bien la maestra de la Presentación. Creen que no me va muy bien con ella y entonces me llevan a Saint-Joseph.

Estos años, los 90, son agotadores para mis padres. Cada año tienen que demostrar mis competencias, mis progresos. Colecciono tests. Tests que muchas veces no están adaptados a personas como yo, con trisomía. Tests que no quieren decir gran cosa, según mis padres y según el doctor Leroux del Hospital Necker: test PEP, test Terman-Merrill... No se sabe muy bien qué miden.

Mis padres también coleccionan informes. Informe de la profesora X y de la directora Y, informe de fisio, informe de logopedia, informe del pediatra Bernard Théret que lleva mi seguimiento desde hace años.

Y siempre, al final, la misma decisión de la comisión que «propone para su hija una orientación en una escuela especial durante el próximo curso escolar». Cada año mis padres se sofocan al leer la carta: «Los datos obtenidos y el bien del niño justifican su admisión en una escuela de educación especial».

Entonces mis padres, hundidos, desanimados, empiezan otra vez a pelear. Presentan un recurso ante la CDES, piden a tres profesoras y a una auxiliar que sostengan su demanda para que yo

siga en clase en la escuela maternal. Nuevo informe de la logopeda, luego de la fisio, nuevo informe de la profesora Sra. X y de la
directora Sra. Y, demanda de recurso de gracia, luego demanda de
recurso contencioso.

A la inspección académica le importa un bledo, para ellos no
tengo lugar en una escuela ordinaria. Entonces mis padres provo-
can un motín en mi defensa en toda la escuela. Hacen firmar a
más de mil padres en mi apoyo. Pero no es suficiente. Entonces
contratan a un abogado, el Sr. Vincent Potié. «Su hija nunca será
Mozart, ni Einstein. Van ustedes a matarla si la hacen estudiar
tanto». Vincent Potié se acuerda de esta frase que el presidente de
la comisión les soltó a mis padres. Pero él sabe que la escuela,
como el trabajo protegido, favorece mi realización, mi autonomía.
Cada año mis padres vuelven a encontrarse como ante un tribunal. Los tratan de «irresponsables». Eso no me gusta. Pero ellos se
niegan siempre a enviarme a una escuela especial. Siempre.

Finalmente entro en una clase mixta. Maternal por la mañana
hasta las diez, luego curso preparatorio hasta las cuatro y media de
la tarde. Sigo en la escuela ordinaria, en Saint-Joseph. Soy más
lenta que los demás, eso es todo. Mis padres otra vez han ganado
un año. Siguen apoyándome.

Mi hermano Mathurin también está siempre cerca de mí. Me
protege, me anima. En mis fotos de la fiesta de fin de año en la
escuela maternal se me ve con cinco años, subida al escenario,
llorando o con una mueca horrible. En un rincón de la foto, casi
fuera de la escena, se ve a un niño: es Mathurin, siempre allí para
tranquilizarme.

6. Mi hermano mayor

Mathurin es mi hermano mayor. Tiene tres años más que yo. A los 8 años, o a los 10, es muy rubio, con la cara redonda como un balón. Mat es hiperactivo, un poco alocado. Siempre tiene que estar haciendo algo. Se desahoga patinando y siempre se hace daño, pero le da igual. Corre por todas partes. Yo soy un poco lenta y me marea. Mis padres ya no saben qué hacer con él y entonces lo llevan al hospital de niños porque la verdad es que es demasiado alocado.

A Mat y a mí nos crían igual. Pero mis padres me consagran a mí mucho más tiempo. Con mi trisomía ha habido algunas complicaciones más... De pequeños dormimos en la misma habitación, en literas. Mat arriba, yo abajo.

Mi hermano siempre está ahí para mí. Cuando lloro, cuanto tengo miedo, me consuela, me tranquiliza. Me dice que siga. Me da ánimos y me muestra el camino, yo confío en él. Cuando tengo un problema en el judo o esquiando, para subirme a un carrusel o entrar en algún sitio, cuando tengo problemas de timidez con la gente o en una comida familiar, se ocupa de mí, me da un empujón para que siga.

También me calma. Cuando me lleva a la fisio, a veces tengo pánico en el gran bulevar, en Arrás, por una sirena de ambulancia o de bomberos. Que quedo bloqueada en un paso de peatones, con los pies clavados al suelo. Mat me dice que eso pasará, que no me ocurrirá nada. Me toma de la mano.

Siempre estoy muy cerca de él, pero no tenemos los mismos compañeros. A veces me presenta a los suyos. Por ejemplo en los aniversarios. A veces les explica lo que tengo, mi trisomía 21. Se hace un poco el profesor porque sus compañeros no conocen esta enfermedad.

En casa hacemos puzzles, pintamos, construimos cosas con Lego. Cuando volvemos del colegio hacemos los deberes en la misma mesa, en la cocina. Mat termina en dos segundos. Yo tardo mucho más y me esfuerzo mucho para escribir, con la nariz pegada al papel. Con mi hermano también compartimos actividades desde muy pequeños, como el judo o el escultismo.

Es Mathurin quien me enseña a nadar. Estamos de vacaciones en Córcega, en Porto-Vecchio. Es el mejor recuerdo que tengo de mi hermano. Tengo 5 o 6 años y llevo tapones en la cintura y en los brazos. Así es como llamo yo a los flotadores: los «tapones». Estoy en el mar y trato de dar brazadas. Voy pasando de mi padre a mi hermano, que me tiende los brazos. Mi hermano me ayuda. Está orgulloso de mí. Y además, ¡Córcega es bonito! Esta lleno de cerdos negros. Está lleno, son rebaños. En la carretera, por todas partes. Nos cierran el paso. Mi padre toca el claxon, pero siguen viniendo y rozan el coche. Me gusta ver los cerdos. Y jugar sobre troncos de árbol, haciendo equilibrios, mientras que mis padres y mi hermano hacen paracaidismo ascensional.

Varias veces por año voy de vacaciones con mi hermano a casa de mis abuelos paternos, en Moyenneville. Moyenneville es un pueblito, en el campo. Ahí es donde nació mi padre. Mis abuelos son agricultores y crían animales. Me fascinan los corderos. Tienen los ojos bonitos como mi hermano.

Adoro visitar toda la granja con Mat. Es inmensa. Visitamos uno a uno todos los edificios, el establo, el jardín, los cerdos, las vacas, las gallinas, los conejos, el lugar donde se almacena la fruta...

A veces mi padre me sostiene a caballo sobre el perro mientras mi hermano conduce el tractor. Le sigo de esta manera por los campos. Con mis primos y primas, todo el mundo se pelea para subirse al John Deere. En verano jugamos en la piscina hinchable, cojo flores en el jardín... Y a veces pasamos vacaciones más lejos, en la playa. Con mi padre enterramos a Mathurin en la arena. Salvo la cabeza, para que respire un poco.

En Arras también nos divertimos, sobre todo durante la fiesta de *la ducasse*. Es una fiesta que tenemos en el Norte, hay una feria. Me subo a los carruseles con pompones. Siempre soy yo quien gana vueltas gratis. Me encantan los carruseles que suben y bajan como un yo-yo. También pesco patos y monto en los autos de choque. Mi hermano se monta en uno y yo en otro, y así podemos chocar.

Mi hermano no soporta que me hablen diferente, como si tuviera 2 años. En el club de judo de Artois, cuando soy cinturón amarillo, le dice al profesor que me hable normal, que me respete. Es él quien toma la iniciativa. Entonces el profesor rectifica. Hasta que dejo el judo, con mi cinturón verde, me habla como a los otros alumnos. Mat me entrena. Es más suave conmigo. Me enseña las llaves, las caídas.

Con mi hermano también compartimos el escultismo. No en el mismo equipo: yo voy con los lobeznos y él es scout, va de azul. Ahí soy como los demás. Pero hay que andar deprisa y no siempre puedo seguirles. El grupo es simpático y tengo superamigas, como Mélanie, duermo con ella en la tienda.

Me gusta mi hermano. Es una pasada. Además tiene cosas que son la monda. Por ejemplo, cuando le pinchan se troncha.

7. Los buenos modales

Con siete años, soy una niña agradable, el contacto conmigo es bastante fácil. Todavía estoy un poco inquieta cuando mis padres se van a la habitación de al lado, pero me cuesta menos acercarme a desconocidos. Tengo dificultades de habla, pero comprendo todo lo que me dicen. Es lo que cuentan los informes para la comisión.

Como mis padres tienen que mostrar cada año mis capacidades y mis progresos para mantenerme en la escuela ordinaria, me siguen pasando baterías de tests. Me piden que dibuje un monigote, que me sostenga en un pie, que atrape una bola, que me toque el pulgar, que haga puzzles, que imite gestos, clasifique cartas en categorías o repita frases, palabras, cifras... tengo algunos problemas de memoria, sobre todo para las cifras.

En casa, mi madre me enseña a leer y a escribir. Me pega palabras por todas partes, en las paredes de mi habitación. Palabras en letras grandes: «Papá, Mamá, Mathurin, casa, amiga...» y pronombres «él, ella, nosotros, vosotros». Así aprendo a leer y también a articular. Me hace repetir las palabras y eso me gusta. A los 2 años reconozco algunas palabras. Hacia los 4 o 5 años empiezo a aprender a leer con la auxiliar escolar y con la logopeda, que me enseña un método gestual: tengo que asociar un gesto a cada sonido. Tengo un libro que se llama *Bien lire et aimer lire*.[4] Adoro ese libro.

---

4. N. de T.: *Leer bien y amar la lectura.*

Empiezo a escribir y a contar a los 6 años. Escribo mis primeras cartas a mis padres a los 10 años, en el campamento de lobeznos, de los scouts, con mi hermano. Ahora me gusta leer. Siempre estoy leyendo. Acabo de empezar *Los Tres mosqueteros* y en casa leo revistas sobre la actualidad de los animales, como *30 millones de amigos*, revistas del corazón, revistas de TV y *Presto!*, una pequeña revista regional de rock en la que mi madre escribe de vez en cuando artículos sobre conciertos. Y cada vez que veo una palabra un poco complicada, la anoto en una lista con la definición de mi *Robert Collège*,[5] que es muy grande. Tengo cinco cuadernos así. Anoto palabras como «hipotético», «hibernación», «austral», «mediación», «elitro» o «lapidación».

Mis padres quieren que se me respete. Insisten mucho en que sea educada. Me piden que diga «hola» y «adiós», gracias, y que mire a mi interlocutor cuando hablo, no mis zapatos, pero eso lo olvido a menudo. También me piden que me comporte correctamente. Quieren que sea aceptada en todas partes, y así desde pequeña tengo que ser educada, comportarme bien, en la mesa, fuera, en la calle... No poner los codos en la mesa, no hablar sola, lo que es un poco más complicado. No crujir los dientes. A menudo, cuando estoy cansada, crujo los dientes. Por la noche me pongo un protector para no dañármelos.

Mis padres siguen haciéndome observaciones hoy día. Esperan a que estemos solos y me explican que lo que he hecho no está bien. Me dicen que no me suba los pantalones en público, que no me toquetee cuando veo la TV... «Tengo que hacerlo cuando esté yo sola». Cuando digo esto mi madre se ríe. Me responde: «No, no tienes que hacerlo por fuerza, pero puedes si estás sola». Tampoco

---

5. N. de T.: diccionario escolar.

tengo que meterme los dedos en la nariz. Ni separar demasiado las piernas cuando llevo falda, tampoco cruzarlas cuando llevo traje porque es malo para las piernas. Tengo que ser agradable, no hacer aspavientos, no buscar complicaciones, no mirar al suelo cuando me hablan... Esto ya lo he dicho, pero es verdad que lo hago a menudo. Sé que me ayuda que me digan todo esto.

8. La habitación de Stéphanie

Cuando voy a casa de Stéphanie, subo directamente a su habitación. Cerramos la puerta para estar tranquilas. Ponemos música y cantamos, jugamos. Stéphanie es mi amiga. Cuando estoy en su casa es como estar en mi casa. Con Stéph tenemos casi la misma edad. Tengo cinco o seis meses más que ella, solamente.

Desde que tengo 4 años estamos juntas.

Nos conocimos en la asociación *Down Up*, que creó mi padre casi desde que nací. Bueno, antes tenía otro nombre. Es una asociación para acompañar a las familias de personas con trisomía 21. Porque Stéphanie tiene trisomía, como yo.

En su habitación jugamos a *Polly Pocket*: muñecas pequeñitas dentro de casas-cajita, todas de color rosa y en forma de corazón. Jugamos a cocinitas, hacemos plastilina… En verano nos columpiamos en el jardín, nos tiramos por el tobogán. También nos contamos nuestros secretos en el sofá, somos un poco revoltosas. Pero no mucho. Tengo que ir con cuidado porque Stéphanie lleva un collarín. Todavía lo llevará unos años más porque tiene frágiles las cervicales. Tiene prohibidos los deportes violentos.

Stéphanie también tiene una cicatriz grande, como yo, pero fina. Su mamá, Anne Marie, me contó lo que tiene en la nuca. Me impresionó. Anne Marie también tiene una cicatriz, en la pierna. Me la enseñó. Por eso prefiere llevar pantalones. En el coche, cuando hablábamos, puse mi mano en su pierna para decirle que estoy ahí, con ella, para siempre. Anne Marie me dice que yo formo parte de su vida.

Le hago muchas preguntas a Anne Marie y hablamos mucho. Ella me enseña cosas. Me explica, por ejemplo, cómo vivían los mineros y cómo trabajaban. También me cuenta secretos. Le escribo notitas para decirle que la quiero mucho, que es mi amiga mayor. Firmo «la gacela». Me quiere mucho. Nos hacemos carantoñas. Los padres de Stéphanie me llevan a todas partes, a los parques de atracciones, a ir en patín de pedales en Fleury, también me llevan de vacaciones.

Cuando Stéphanie era pequeñita no la veía tanto, porque iba mucho a los EE.UU. Tenía que seguir un programa, el método Doman. Tenía que trepar y andar a cuatro patas diez metros, cosas así. Cada seis meses tenía que ir allí para hacer sus ejercicios y entonces no iba al colegio. Todos esos viajes costaban mucho dinero y sus padres tuvieron que dejarlo estar. Stéphanie entró en maternal. Así es como llegó también ella a la Presentación, pero no en la misma clase. Y luego nos encontramos otra vez en el instituto.

9. Las fotocopias

La Señora Bisbrouck nos repite una y otra vez: «¡Ahora ya no estáis en la escuela primaria, estáis en el instituto!» Y estamos orgullosos de verdad, los cuatro, de estar en el instituto: Stéph, Alexandre, Ludivine y yo. La Señora Bisbrouck es nuestra nueva profesora en el instituto Louez Dieu, en Anzin-Saint-Aubin. Ella creó nuestra clase en una antigua sala de profesores. La primera CLIS (Clase de integración escolar) de Pas de Calais. La asociación *Down Up* y el director de la escuela pidieron que se abriera. Tengo trece años cuanto entro en el instituto, en septiembre de 1998.

Todos tenemos trisomía 21, menos Ludivina, que tiene una deficiencia intelectual ligera. Pero seguimos en la escuela ordinaria y compartimos con los otros el recreo, el comedor, las actividades de teatro, la coral… también algunos cursos de inglés.

Pocos días después de empezar, la Señora Bisbrouck nos pregunta: «¿Quién puede ir a hacer fotocopias a secretaría?» Levanto el dedo enseguida: «¡Voy yo!» Pero no puedo pasar de la puerta del aula. Imposible. Me quedo paralizada. Como en el gran bulevar de Arras cuando hay ambulancias que pasan con la sirena puesta. La Señora Bisbrouck insiste, pero no puedo moverme. Ella no entiende por qué. Pero yo no sé qué tengo que hacer después de esa puerta. Hay una rotonda, una escalera, un vestíbulo, luego hay que entrar en la secretaría, hablar… Son demasiadas cosas. No puedo pensar todos los pasos.

Entonces la Señora Bisbrouck me acompaña. Aprovecha todas las situaciones para enseñarnos cosas. Pone en mi proyecto pedagógico: «ir a buscar fotocopias», y cada vez que tengo que hacer esa tarea me acompaña y se detiene un poco antes. Primero en la puerta de la secretaría, luego en el pasillo... Esto dura meses. Luego es suficiente con saber que me mira y eso me tranquiliza. Y luego un día ya sé ir yo sola. Esto quiere decir que también puedo ir a otros sitios en el instituto, yo sola.

La Señora Bisbrouck me contó luego que yo la había ayudado en su trabajo, sin saberlo. Esa historia de las fotocopias le dio la idea de una «pedagogía del acompañamiento» de las personas con trisomía. Ya no tengo miedo, tampoco de aquel gigante de más seis metros que hay ahí, de pie, en el vestíbulo de entrada. Paso por delante cada vez que voy a hacer fotocopias. Lo llamamos Léonard. El Norte es el país de los gigantes y este lo hicieron los alumnos del curso de artes plásticas. De hecho lo llamamos «Cré Léonard», que es como aquí decimos «sacré».[6] Tiene un compás en una mano y una paleta de pintor en la otra. Es Leonardo da Vinci. Hasta lo sacaron durante la Copa del mundo, para el partido en el que jugaba el equipo de Francia, en Lens. Dio la vuelta al estadio Bollaert. Antonio, el responsable de la limpieza del colegio, a veces lo desmonta. Me impresiona cuando lo veo.

En clase siempre me gusta participar. También me gusta aconsejar a los demás y solucionar sus problemas. Así soy yo. Nuestra profe nos enseña todo: historia, geografía, francés. Nos enseña todas esas asignaturas, incluso con representaciones teatrales. Sobre todo me gustan el francés y la cocina. ¡La pizza se huele por

---

6. N. de T.: significa literalmente «sagrado», pero también «maldito» o «grande», o se usa con un sentido superlativo dependiente del contexto.

todo el colegio! Las otras clases se preguntan qué estamos haciendo. Hasta el director tiene ganas de venir a ver.

La Sra. Bisbrouck nos da una lista de la compra para ir al supermercado de al lado a conseguir los ingredientes para las pizzas. Elegimos los productos, pagamos en la caja y luego cocinamos en clase. Es más divertido que las matemáticas. Cuando nos hablan de mates, Stéphanie y yo ponemos una cara horrible. Entonces la Sra. Bisbrouck nos tranquiliza: «No me pongan nerviosas a las chicas. No vamos a hacer matemáticas con cifras. Las haremos con palabras». Entonces nos tranquilizamos.

Stéphanie y yo nos hacemos aún más amigas cuando al fin estamos en la misma clase. Somos inseparables. Le digo sin dudar lo que pienso: «No estoy de acuerdo contigo, Stéphanie», «Eres una pava y te comportas como una niña», «Stéphanie, no me gusta cuando haces tonterías». Cuando las hace, me pongo roja como si las hiciera yo misma. Me gustan las cosas cuadriculadas, tengo sentido del orden, pero a Stéphanie le importa un bledo. Es hiper-follonera. Le pregunto si hará lo mismo en su piso y le digo que la Sra. Bisbrouck no irá a verla si no está todo en orden.

A la Sra. Bisbrouck le da igual si hablo sola. Cuando estamos en clase dice que puedo hablar con las paredes o con la ventana si me apetece. Pero no fuera del colegio. Dice que en el mundo exterior eso «tiene que quedarse dentro de tu cabeza, no salir por la boca». Me explica que todo el mundo habla solo, pero dentro de su cabeza.

A veces me corrige. Cuando me cruzo con el director del colegio, Henri Vignolle, le digo: «¡Hola colega!» Entonces ella me riñe: «Buenos días, señor director». Pero igualmente es mi colega.

Fueron Henri Vignolle y mi padre quienes quisieron que el colegio acogiera a alumnos con una disminución. Esta idea se les ocurrió cuando mis padres se encontraron con todos esos problemas en la escuela. Se pelearon con la dirección departamental de la diócesis, que no estaba de acuerdo. Entonces Manu fue nombrado presidente del colegio. Mi padre siempre es presidente de algo. Y a mí me gusta ser la hija del presidente. Cuando la escuela se abrió a personas con alguna deficiencia, mi padre dejó la presidencia y entonces llegué yo.

En clase tenemos a dos médicos que vienen con regularidad. Trabajan con nosotros sobre el cuerpo, el bienestar... Una vez pusimos música de relajación, luego otra música para expresarnos. No sé por qué, pero me puse a llorar. Era demasiado bonito. No podía parar. Entonces quitaron la música. No sé por qué me puse así.

A veces hago exposiciones orales. Cuando estoy con la Sra. Bisbrouck oigo muchas veces *Bitter Sweet Symphony* de The Verve y también *Pure Morning*, de Placebo. Así que decidí hacer un trabajo sobre Placebo. Preparo un cuestionario: ¿qué instrumento toca Brian Molko? ¿Qué nacionalidad tiene? ¿Cuántos son en el grupo? ¿Dónde se encontraron por primera vez?

En enero de 1999 fuimos a ver la exposición *Goya* al Museo de las bellas artes de Lille. Era nuestra primera salida con la clase. Tomamos el tren en Arras. En cuanto me senté en mi asiento, saqué mi libro, como me había dicho mi madre que hiciera. Cuando llegamos a Lille, le dije a la Sra. Bisbrouck: «No, no es posible que hayamos llegado». Mi madre me había dado «un libro para leer en el tren», así que no podía haber llegado si no había terminado el libro.

En clase habíamos preparado la visita. Así que ya conocíamos los cuadros, pero uno prefiere verlos de verdad. Cuando llegamos al museo hicimos cola para los tickets de entrada. Teníamos un grupo de personas delante. Una de ellas suelta, mirándonos fijamente: «¡Espero que no vayan con nosotros!» Yo le digo a la Sra. Bisbrouck: «Señorita, hay uno que me mira de reojo. ¡Eso no me gusta!» Volvemos a encontrarnos al grupo en las salas de la exposición. Entonces aquel tipo está muy incómodo. Con Stéphanie y Ludivine vamos de una pintura a otra. Una señora del grupo que también nos miraba de reojo hace un momento busca el título de uno de los cuadros. Entonces se lo digo: «Se llama *Las viejas*».

Me gusta ese cuadro. Es un poco triste. La Sra. Bisbrouck siempre nos pregunta qué sentimos. Nos da completa libertad para expresarnos y nunca nos reprende. Lo que importa es lo que uno ve. Yo veo a una señora que mira a una niña sin decir palabra y detrás a un hombre que trabaja en la cosecha para alimentar a sus hijos. Para mí, *Las viejas* es esto.

A veces, cuando nos miran de reojo, la Sra. Bisbrouck nos hace reflexiones. Como cuando fuimos a ver las Galeries Lafayette en París, por Navidad. Había dos niños que estaban con su padre, subidos a una pasarela para ver mejor los escaparates. Cuando llegamos, la mujer le dijo a su marido: «¡Baja enseguida a los niños, mira lo que viene!» Se refería a nosotros. La Sra. Bisbrouck les dijo lo que pensaba. Yo la apoyé: «Has hecho bien, ¡no somos débiles mentales!»

Mathurin se ha ido un año a Australia. Tiene quince años. Está acogido en una familia. De hecho, parece que ya ha agotado a dos familias y que ahora está con una tercera. Yo no estoy bien sin mi hermano. Voy a ver a un psiquiatra, el doctor Grenier, porque no estoy muy fina. Creo que Mathurin se ha muerto. Creo que no volverá. Ya no me da noticias suyas. Y está lejos.

Mi madre dice que no tengo noción del tiempo, pero un año es demasiado. Ella me cuenta lo que Mathurin hace allí, me dice que ha dejado el *roller* y hace *skating* y *snowboard*, pero igual no le veo. Quiero mucho a mi hermano y le hecho de menos.

El año siguiente, muere mi abuelo materno, mi abuelo Henri. Yo no estoy cuando ocurre, estoy en un campamento scout en Bretaña. Es mi hermano Mathurin quien me lo dice en una carta. Y mi abuela me lo cuenta también más tarde: «Tu abuelo ha muerto en el hospital de Arras».

Yo le quería mucho, era dulce y me hablaba con normalidad. En clase no podía parar de llorar. Estoy hipertriste. Al final la Sra. Bisbrouck se harta de que esté todo el rato llorando y hablando de mi abuelo. Y me dice que lloro sobre todo cuando me pone trabajo. Entonces paro.

Ahora tengo un novio, Alexandre. La Sra. Bisbrouck nos sorprende cuando nos estamos besando en la boca en un rincón de la clase, el de la cocina. Nos queremos. Yo le digo: «Señorita, no se lo digas a mis padres, ¿de acuerdo? Es un secreto entre nosotras…»

En el patio hay chicos mayores de Cuarto o de Tercero que a veces nos molestan. Por ejemplo, le piden a Alexandre que le dé un beso a alguien, o nos empujan. Se divierten. Pero a nosotros eso no nos divierte tanto. Mi padre dice que «hay que pasar por eso» y que «uno también tiene que endurecerse un poco», «aprender a pelear». Los otros nos tratan así. Una vez una niña me llama «monga».[7] Se lo cuento a la Sra. Bisbrouk. Ella me explica que eso

7. N. de T.: en el original, «trisotte» y «triso». Por la intención insultante en este caso, usamos una abreviación del término «mongólica» y «mongólico».

es porque soy una chica, que si fuera un chico me habría llamado «mongo». Eso me hace reír. Pero igualmente fue a hablar con la niña.

En el cole hay algunos que me miran de un modo muy raro o con maldad. Eso me hiere. Otros me llaman «puta», así de claro. En el autocar del colegio, cuando vuelvo a casa por la tarde, hay niños que me ponen chicle en el pelo. Ha pasado dos veces. Yo estaba sentada delante de ellos, en la parte de atrás del autocar. Eso me hirió muchísimo. Sé que es porque tengo trisomía 21. A los mayores les molesta verme en el mismo autocar que ellos. No entienden qué hago allí. Cuando le enseño mi pelo a mi madre, ella dice: «¡Es una vergüenza!»

Con la clase, vamos también de viaje a Inglaterra, a Canterbury. Bebemos té. También rellenamos un cuestionario con muchas preguntas sobre la historia de Canterbury. Es lo que más me gustó del viaje. Gracias a ese juego me siento inteligente. Me digo a mí misma: «¡Esto sí es lo mío!»

Estefanía hace fotos sin dejar de andar. Nunca deja de andar cuando toma fotos. La Sra. Bisbrouck le aconseja que pare para encuadrarlas. Estefanía no lo entiende. Yo le digo que escuche a la Sra. Bisbrouck. Entonces Stéph le deja su máquina a la Sra. Bisbrouck para que le enseñe cómo hacerlas. Luego revelamos las fotos de Stéphanie. Habían salido todas bien, salvo la de la Sra. Bisbrouck, porque había puesto el dedo delante del objetivo. «¡Pedazo de señorita!», así es como la llamo a veces. Le digo: «¡De verdad que eres un pedazo de seño!»

En marzo de 2001 nos vamos de viaje al Jura, a la casa rural de la Sra. y el Sr. Vacher, en Lélex. Este año somos seis en la clase, están también Amandine y Élise. Allí andamos con raquetas por la nieve y comemos *tartiflette*. Vamos al lago Léman a ver los cisnes. También visitamos una quesería y jugamos a cartas con Stéph, Élise y las demás. Philippe, el marido de la Sra. Bisbrouck, quería que jugáramos todos con las mismas reglas, por eso no entiende nada de nuestro juego. Nosotros teníamos cada uno sus propias reglas.

Élise estaba un poco perdida sin su familia. Muchas veces se aislaba y decía que iba a llamar a sus padres, con su paquete de pañuelos con aroma de eucalipto. Entonces, por la noche, para tranquilizarla, cuando no tenía ánimos, le decía que cogiera sus pañuelos de eucalipto para llamar a sus padres. Eso la calmaba.

Este año, en el colegio, canto todo el rato *Tender* de Blur, en todas partes, en clase, en el recreo... Me gusta todo de esa canción, el bajo de Alex al principio, el estribillo, Damon... la tengo en la cabeza todo el rato, durante meses.

> «*Tender is the night*
> *lying by your side.*
> *Tender is the touch*
> *of someone that you love so much...*»

Cuando la Sra. Bisbrouck nos pide que escojamos una música para recitar una poesía, yo elijo esta canción del álbum *13* de Blur. En el curso de inglés que mi madre da a jóvenes sordos, cuando les doy una charla sobre Blur, canto esta misma canción con Julián, que me acompaña con la guitarra. Está sordo, pero siente las vibraciones. Fui a su casa, también tiene una batería. Me gusta cuando Graham repite «*Oh, my baby, oh my baby, oh why, oh my...*» Y cuando veo a Julian, siempre me canta «*Come on, come on, come on, get trough it...*» Una compañera de mi madre me da incluso la partitura, que trato de tocar con Pierre Mordacque, mi profesor de guitarra, con quien he empezado a tomar clases.

Me quedo tres años, hasta junio de 2001, en la clase de la Sra. Bisbrouck. Ya tengo casi 16 años. Entonces, para no quedar muy atrasada en cuanto a edad, dejo el colegio y entro en el instituto.

10. Los años del instituto

Cuando llego al instituto, me miran con cara de sorpresa, del palo: «¿Pero qué haces tú aquí?» Así es como me hablan: «¿Qué haces aquí?» Yo les dejo hablar. Soy más bien tímida. Pero nunca me han agredido, tampoco sexualmente. Cuando le digo esto a mi madre, ella me responde: «Ah, ¡pues qué suerte!»

En 2001 es cuando entro en el instituto privado Baudimont Saint-Charles, en Arras, en clase de integración profesional (CLIP). Es un poco complicado... Ahí, al principio, estoy con alumnos que no conozco y que no me conocen. No es como en el CLIS, cuando tenía a mis compañeros que me protegían. Aquí es un poco duro al principio. Poco a poco me acostumbro, pero no me siento muy bien en mi pellejo.

En septiembre del año siguiente, convocan urgentemente a mi madre a la enfermería del instituto. Llega aterrorizada. Está dando clases de inglés cerca de allí. La enfermera le enseña una carta que acabo de escribirle a Mathilde. Una carta de suicidio. Mathilde se asustó y se lo comentó al profe, que se lo comentó a la enfermera, que le enseñó la carta a mi madre. Mis padres no conocen a Mathilde, pero yo la veo siempre en el recreo.

En la carta hablo de la canción de Roch Voisine, mi preferida: *Elle est ma tendresse*. Se la dedico a Mathilde y luego hablo de «clavarme un cuchillo en pleno vientre» porque «estoy harta de ser así». Me parece que eso hace que Mathilde comprenda que algo no va bien. Le escribo que no quiero seguir viviendo con mi cicatriz y que me quiero morir. Termino la carta con un «I love you».

Entonces mi madre me lleva a un rincón de la enfermería para hablar a solas. Quiere entender. Tiene miedo y al mismo tiempo está enfadada. Voy a decir una grosería, pero creo que me comporté un poco como una mala puta. Me siento mal por haber escrito esa carta. Sé que es grave. Mi madre llama a mi padre, que llega poco después. Creo que se ha asustado mucho. La enfermera me aconseja que me lleven a un psiquiatra. Pero ya estoy yendo a ver al Sr. Grenier desde hace dos años. Le contaré lo de esta carta. Él encuentra las palabras para tranquilizarme. Pero no le hablaré de mi cicatriz. No quiero que lo sepa. Estoy un poco acomplejada.

Mi madre piensa que me monto películas, que me gusta crearme un mundo con historias de adultos, como en las series que veo. *Siete en casa* o *Bajo el sol*. Conocí a la actriz Catherine Adams de *Bajo el sol*, es madrina de la asociación *Trisomie 21*. Hace el papel de Blandine, la madre de Laura, que se llama en realidad Bénédicte Delmas. También tengo autógrafos y fotos de Tonya Kinzinger. En todo caso nunca más he tenido ideas de suicidio.

Después de las clases en el instituto, a veces voy a casa de Stéphanie. Jugamos en su habitación, al *Scrabble junior*, a la lotería y a las adivinanzas. Miramos el DVD de *Harry Potter* y luego cantamos por turnos oyendo los CD de Garou, de Roch Voisine o de Hélène Ségara. A veces también dibujamos. Stéphanie toma cursos de dibujo.

Yo prefiero la guitarra. Sigo mis clases con Pierre Mordacque. Ahora tengo guitarra acústica todos los sábados. Trabajo en los bajos, las notas, la melodía, los acordes. Pierre me escribe canciones e imprime partituras que elige en su ordenador. Escribió para mí *Éléonore song*. Nos divertimos inventando títulos y eso me hace reír mucho. La tituló *Elle est au Nord, Song*.[8]

---

8. N. de T.: juego de palabras. *Elle est au Nord* suena como Éléonore.

A veces Mathurin viene durante el finde. Hace un año que se ha ido de casa, pero sigue teniendo las llaves, y va y viene cuando quiere. Está preparando un BTS en Calais. Tiene novia, se llama Maïté. A ella también la ve el finde. Me gusta cuando mi hermano está feliz. Está más tranquilo desde que se fue. Algún día haré como él, me iré.

Mi padre le encontró un coche de ocasión. Mat acaba de sacarse el carnet de conducir. Ahora puede ir a casa de Maïté, en Neuville-Saint-Vaast. Pero un día choca contra una casa. Ahora el coche está estropeado. No hacía ni tres semanas que lo tenía. Se puso nervioso con un compañero, puso de golpe el freno de mano y ¡pum! Mis padres y yo estábamos en las Canarias. Cuando volvimos vimos que también había roto la mesa de mármol de la sala, con sus amigos. Habían hecho una fiesta.

Una vez por semana voy al logopeda. Me enseña articulación en la lectura, el masculino y el femenino, los tiempos verbales. Me explica también cómo no tartamudear: todavía tartamudeo mucho. También me hace hacer ejercicios delante de un espejo para la deglución. Cuando cierro la boca, tengo que poner la lengua entre los dientes y apretar los labios. Así la boca me queda bien cerrada. Y sigo viendo a Carole, mi fisio.

En mis primeras prácticas, en 2003, trabajo en la secretaría del instituto, hago medias jornadas. Luego la directora me envía a la residencia de jubilados *La Belle Époque* para lavar el suelo, limpiar las mesas. ¡No es lo mío, la verdad! Además, detesto ensuciarme las manos. Entonces mis padres piden que pueda entrar en BEP de secretariado, a tiempo parcial. Quiero hacer un trabajo administrativo y estoy decidida a aprender informática.

La responsable del instituto lo encuentra raro. No le caigo muy bien. Les dice a mis padres: «A nuestros BEP ya les cuesta encontrar unas prácticas o un empleo. ¡Para una *Down*, ni se les ocurra!» Al final acepta y le dice a mi profe que me tome con ella, segura de que no funcionará y mis padres lo entenderán.

Pero resulta que funciona. Hasta sigo el año siguiente. Así es como entro en la unidad pedagógica de integración en el instituto profesional y, al mismo tiempo, en el Primer curso BEP de secretariado. Tengo 19 años. Hago tres horas por semana en clases de labores profesionales para aprender el oficio de secretariado, además de la enseñanza general en la clase de integración con otros siete portadores de trisomía 21.

Me siento feliz: empiezo cursos de informática con la profe Lise-Marie De Reu. Eso sí que me gusta. Aprendo también tareas burocráticas, de correspondencia y clasificación.

En la clase de informática soy la única con trisomía 21. Así que me miran con cara un poco rara el primer curso. Los alumnos están sorprendidos. Se preguntan por qué estoy en esa clase. Me siento un poco intimidada. No conozco a nadie y hay mucha gente. Me acompaña una AVS, auxiliar de vida escolar. Se llama Nadège.

Al segundo día me siento mucho más cómoda. Los otros alumnos ven que no tengo más dificultades que los demás de la clase. Enseguida me integro. Mi AVS está muy contenta de aprender conmigo, sobre todo el Word, porque no sabe nada de informática y se siente muy perdida. Yo la ayudo un poco.

Al principio todavía tengo necesidad de que me den seguridad. Un día, al final de una clase, voy a apretujarme contra la profesora. Lise-Marie De Reu me dice: «Éléonore, ¿sabes? No puedo hacer cariñitos a todo el mundo?» Toda la clase se ríe. Ella me cuenta que no debo hacer eso en una situación laboral, en una empresa. Tengo que hacer como los demás.

Al tercer día, la Sra. De Reu me pone con Angelo, un alumno un poco *speed*, como mi hermano. Es con él con quien tengo que trabajar. Angelo se convierte en un compañero de verdad. Es súper simpático. Se mueve mucho. Siempre tengo que decirle que no se levante. Nos vemos en el recreo para hablar. También estoy contenta porque consigo hacer cosas con Word o Excel que los demás no pueden hacer. Y escribo con los diez dedos, sin mirar el teclado.

Soy muy organizada y me concentro mucho para gestionar mis tareas. Además soy cuadriculada, minuciosa. Ahora domino más la informática que uso todos los días. Los de mi clase me quieren. En el instituto, cuando no voy, todos preguntan dónde estoy. Y cuando hay salidas con el BEP siempre hay algún alumno que pregunta si yo también voy, incluso en el curso de derecho.

Así, voy al tribunal de apelación de Saint-Omer. Paso allí todo el día con los de mi clase. ¡Es realmente impresionante! Un hombre llega esposado. Me parece que es un asunto de un niño asesinado. Lise-Marie de Reu está a mi lado y me lo explica todo. A mediodía vamos a comer al McDonald's y luego volvemos a seguir las audiencias. Todavía tengo la foto de la clase delante del edificio del tribunal.

En septiembre de 2003 estuve hospitalizada tres días por una pielonefritis, una infección de las vías urinarias. Me parece que es porque me aguanto demasiado en la escuela. Porque no puedo ir al WC fuera del tiempo de recreo. Los de mi clase no me olvidaron y eso me conmueve. En el hospital, recibo una carta con algunas palabras de cada uno para desearme una buena recuperación.

Mi madre está conmigo. Estoy contenta. Ella está un poco disgustada, porque debido a mi pielonefritis se pierde un concierto de Damon Albarn, el 22 de diciembre, en Londres. Ya había comprado su entrada al concierto y también el billete del Eurostar. Es el único concierto en solitario de Damon y ella es súper fan. Ella misma creó una página web sobre Blur. Fuimos a verlos en octubre, a Bruselas.

Pero no es tan grave, en el hospital nos reímos. Miramos *Papá Noël es una basura* y luego la final de *Star Academy* con Michal. Pierde frente a Élodie Frégé, pero ella le deja la mitad del millón de euros que gana. Y gracias a las perfusiones y a los antibióticos me curo pronto. Cuando reanudo las clases, mi madre me da una carta del médico para autorizarme a ir al WC cuando quiera. No tengo ganas de volver al hospital.

Este período en el instituto con la CLIP está muy bien. Hago salidas con mis amigas, Stéphanie, Victoria, Ségolène. Hasta vamos a Agny, a algunos quilómetros de Arras, con la clase de mi antiguo profesor de judo, Marc. Con tandems que el Rotary Club ha regalado a la escuela. Yo voy pedaleando con Astrid. Visitamos un molino para ver cómo se fabrica la harina. Dormimos en un escondite y tenemos veladas buenísimas en las que yo hago crêpes y bailamos danzas turcas...

11. La araña que anda a reculones

Con Pierre, mi profe de guitarra acústica, tenemos dificultades par encontrar una guitarra de mi talla. Soy pequeña y tengo las manos pequeñas. Escogemos una guitarra para niño y acortamos el mástil con una cejilla. Eso me ayuda. Pierre también encuentra para mí un método sencillo para leer las notas, porque tengo problemas con el solfeo. Me adapta las partituras y me escribe cosas cortitas para muscular mis dedos, desarrollar mis gestos.

Para la colocación de mis dedos, inventa expresiones cómicas: «una araña de dos patas», para que toque con dos dedos, o «la araña que anda a reculones», para que suba hacia los graves. También nos divertimos encontrando títulos para los trocitos de música que inventa para ayudarme y eso me hace reír. Para trabajar el acorde de sol, llamamos a ese trocito *Receta de lenguado*,[9] como el pez.

Toco *L'amour à la machine*, de Souchon, y también *Les yeux noirs*, más en plan jazz que *manouche*, o cosas de blues boogie, como a él le gusta. A Pierre le gusta sobre todo el jazz blues y el rock. Pero me deja elegir lo que prefiero. Entonces aprendo a tocar *Belle demoiselle* de Christophe Mae, *Elle habite ici* de Gérard Palmas o *Morgane de toi* de Renaud... Sólo tengo algunos problemas con el tempo. Creo que soy demasiado lenta.

Luego empiezo a interesarme por un rock más duro, estilo pop. Con mi madre, vamos a todos los conciertos de rock de la zona y

---

9. N. de T.: Juega con el equívoco entre *sol* (nota musical) y *sole* (pez).

para los festivales vamos incluso más lejos, a Bruselas, Lille, París, Saint-Malo... En la *Route du Rock* voy a ver a The Bees, Leaves, The Notwist, Black Rebel Motorcycle Club, Suede... En Arras veo a menudo a Atlantys y a veces hasta consigo llevarme a mi madre a ver a Jenifer y Nolwenn Leroy.

Además, por supuesto, las dos somos híper fans de The Servant. Me encanta. He estado en unos veinte conciertos suyos y mi madre en cuarenta, también en los ensayos de antes de los conciertos. Mi madre es colega de Dan Black. Me encanta cómo se mueve ese tío: ¡como un mono! Además a veces le cuesta pronunciar las *u*, como a mí, lo he notado.

Los descubrimos en febrero de 2004. Mi madre, cuando salió su álbum *The Servant*, fue a Lille a entrevistar al guitarrista y al cantante, Chris y Dan. Grabó el concierto y al final les preguntó si podía subir una o dos canciones a su página dedicada a Blur. Al final hizo toda una página nueva sobre The Servant. Creó el *fan club* oficial del grupo y un fanzine en papel. Ahora somos colegas con toda la banda. Mi madre se fue hasta Londres con Trevor, el batería, y también fue a ver a Chris para entrevistarlo otra vez.

Con mi madre los seguimos por todas partes: Châlons-en-Champagne, el festival Solidays, Paris-Plage, Henin Beaumont, el Splendid de Lille... Pero seguimos yendo a otros conciertos: Sharko, Admiral Freebee, Ghinzu, Red, Dimitrios, VedeTT, Bashung... Me encanta Bashung, sobre todo *Osez Joséphine* y *Ma petite entreprise*. Así es como llamo al despacho de mi padre: «¿Cómo va la pequeña empresa que no conoce la crisis?» Eso le hace reír.

En noviembre de 2004 volvemos a ver The Servant en Lille, en la Catho. Es el noveno concierto que veo desde el de mayo, en La Cigale, en París. Me lo paso bomba. Dan canta mis canciones preferidas: *Jack the Ripper*, *Cells*, *Liquefy*. Generalmente en los conciertos me gusta saltar al foso para bailar. Como soy pequeña, dejo atrás a mis padres y me voy delante todo. Porque en medio de la gente me aplastan y me ahogo. En la Catho también me pongo delante. En el escenario, Dan se agacha y me tiende los brazos mirándome a los ojos. Yo sé que canta para mí.

12. Mis aprendizajes

Quiero ganarme la vida. Enseguida. Trabajar y tener un piso para mí sola. Para eso hago un montón de prácticas. Lucho por eso. Después de mis prácticas en La Belle Époque, una residencia de jubilados donde hago la limpieza, trabajo en contabilidad en Pas-de-Calais Habitat. Me ocupo de registrar el correo, de los sellos fiscales, un poco de teléfono... Luego hago unas prácticas en la Mediateca y también en la Cámara de los oficios. Luego vuelvo a hacer unas prácticas en la agencia Tournant, una agencia de comunicación donde mi padre trabaja ahora.

Pero es en la antigua clínica Bon Secours, en la que nací, donde decido lo que será mi profesión: secretaria. Pero sólo me proponen mantenimiento, restauración... A mí eso no me interesa. Tampoco quiero seguir trabajando en un CAT (Centro de Acceso para el Trabajo). Además, las listas son largas. Quiero trabajar como todo el mundo. Por eso hago cursos en BEP secretariado y alternativamente hago prácticas.

Al principio, en mis primeras prácticas de quince días, tuve algunas dificultades en la clínica. Para escribir la dirección en un sobre, por ejemplo. Escribo sistemáticamente la dirección arriba a la izquierda del sobre. Eso lo trabajo con la Sra. De Reu. Encontramos un truco: ¡oculto con mi brazo la parte del sobre en la que no tengo que escribir y ya está resuelto!

Down Up contactó al DRH de la clínica para mi formación. Lunes y martes estoy en la unidad pedagógica de integración, y jueves y viernes en la clínica. Al principio, mis colegas se preguntan qué dificultad tengo exactamente, si hay que estar detrás de

mí todo el rato, si voy a quitarles tiempo de trabajo. Para tranquilizarlos, mi jefa de servicio está siempre presente cuando estoy
ahí.

A veces estoy de mal humor o me irrito. Pero enseguida entiendo quién es la jefa. A menudo hago ensayos en los lavabos, delante
del espejo. Repito lo que voy a decir. Necesito ganar confianza. A
veces me quedo ahí encerrada media hora y mis compañeros me
preguntan qué narices hago.

Además de mi formación y de mis prácticas, en 2005 y 2006,
con mi madre, seguimos a The Servant por todas partes. Vamos al
Splendid de Lille, a Cergy-Pontoise, Colmar, Colonia, Flers...
¡Pronto habré conocido todas las salas de concierto! Vamos a sa-
ludarlos a las firmas de autógrafos, como en Fnac Bastille, y por
supuesto nunca nos los perdemos cuando salen por la tele, como
en *Taratata*, donde interpretan *Orchestra*.

Justo antes del concierto del Olympia, Matt Fisher, el bajista,
me da su sombrero. Yo estaba en la entrada con mi madre. Me
dijo: «¡E pa ti, Eleono, pa too lo día e tu via!» (Es para ti, Éléonore, para todos los días de tu vida).

Y también corremos a los otros conciertos: Jean-Louis Murat,
Matthieu Mendès, Raphael, Amadou y Mariam, Depeche Mode...

Pierre, mi profe de guitarra, toca con Peter Nathanson, un blues-
man norteamericano. Cuando Nathanson viene a la región en
septiembre de 2006 a un concierto organizado en la sala de fiestas
de Athies, para el centro de música, yo también voy. Hay una guitarra eléctrica como premio. Me toca ser la «mano inocente» que
debe extraer un nombre del sombrero.

Estoy en el escenario y saco un papel al azar, y entonces no
entiendo nada: es mi nombre. Todos se miran entre ellos, tampoco entienden nada. He ganado, estoy superfeliz. Es Peter Nathan-

son quien me entrega la guitarra y me la dedica. Es una Fender Stratocaster, justo de mi talla. Entonces, con Pierre, decido dedicarme a la guitarra eléctrica y revender mi otra guitarra.

El 4 de diciembre de 2006, tras dos años de formación profesional en la clínica, me contratan. Es un CDD de dieciocho meses. Trabajo veinte horas por semana. Es mi primer contrato de verdad. Estoy feliz. Tengo un curro como todo el mundo. Pero reducen mi tasa de incapacidad de 80 a 60%. Esto significa que ya no tengo una plaza de adulto discapacitado. Y esto irrita mucho a mi padre. Cree que nos quieren hacer pagar que quisiéramos que yo estudiara y que trabajara como todo el mundo. Entonces volvemos a llamar al abogado Vincent Potié y una vez más ganamos.

13. Mis enamorados

A veces no me encuentro guapa. Algunos me miran de reojo y eso me hiere. Cuando me operaron de mi malformación cardíaca, dijeron: «¡Oh, no es muy bonita de ver!»[10] Es por eso sobre todo. Es un poco complicado de explicar... Cuando hago shopping, en las rebajas, busco vestidos que lleguen hasta arriba para esconder mi cicatriz. No tengo ganas de que la vean. No quiero ropa escotada. Con los bañadores es lo mismo. Elijo bañadores que lleguen hasta arriba y lo tapen todo.

Pero en cuanto lo escondo, me vuelvo bonita. Dicen que soy coqueta. Me gusta ser un poco muchachito, pero también me gusta ponerme vestidos, faldas. Me gusta cambiarme las gafas. Y me gustan los peinados con los pelos de punta, el estilo rock. He llevado el pelo anaranjado, rojo... Mi madre se ha teñido de rosa.

He tenido muchos novietes. En la época del colegio conocí a Michaël. Creo que fue mi primer enamorado... en fin, no sé muy bien. Yo tenía 15 y él 14. ¡Me gustaban sus ojos y además llevaba gorra! Me gusta eso. Me tomaba de la mano, nos mirábamos. Me besó como un salvaje y yo estaba un poco incómoda. Era en el patio del colegio. Comíamos juntos en el comedor del cole. Tuvimos una pequeña aventura de nada. Porque yo me decía que no era un chico para mí: demasiado joven. Hablaba como un joven. Lo dejé.

---

10. N. de T.: la frase es equívoca, puede referirse a la cicatriz o a Éléonore.

En el instituto tuve otros dos novietes. A Alexandre lo conocí en el colegio. Ya estaba enamorada de él cuando fui a la clase de la Sra. Bisbrouck. Era abierto, súper simpático conmigo. Hablábamos mucho. Su estilo *cool* era una pasada y era tranquilo, calmado. Tenía una trisomía, no como Michaël. Le di un beso en la boca en el recreo del instituto, para que supiera que le quería. Pero él pensaba que no podíamos hacer eso. No entendí por qué. De todas formas era demasiado tímido. Con él también duró poco.

Luego conocí a Pierre-Alexandre. Nos queríamos mucho. Nos besábamos, me abrazaba. Lo veía en el recreo. Me gustaban sus ojos, su boca, su forma de hablar... ¡todo! Duró mucho tiempo. También fue en el instituto.

Y luego viene Robin. Robin tiene cinco años menos que yo. Hace clases de teatro. Yo ya había dejado mis clases de guitarra cuando lo conocí. ¡Cuarenta euros ya era demasiado caro! Robin tiene dotes para el teatro. Hasta se presentó en la Comédie-Française. Interpretó en el escenario *El enfermo imaginario*. Fue entonces cuando pensé: «¡Ese sí es un tipo para mí!» Era algunos meses antes de que me contrataran con un CDD en la clínica. Sin duda, me enamoré de él. No trabaja como yo. Por eso le ayudo a encontrar un trabajo estable. Hace prácticas, sigue buscando.

Así que estoy enamorada, como mi hermano. Él está en pareja de hecho con Maïté.

Sigo pasándolo de miedo en los conciertos: The Idle Lovers, Skye, Simple Kid, Thomas Dybdahl... y en julio de 2007, en el teatro antiguo de Fourvière, en Lyon, acudo a mi concierto número veintisiete de The Servant, un mes después del Showcase. Comparten concierto con The Good, The Bad and The Queen, otro grupo, en el que está Damon Albarn, que me encanta.

14. Me gano la vida

Y luego, en junio de 2008, consigo mi contrato indefinido en el hospital privado de Arras Les Bonnettes. Cuando el director me da la noticia en su despacho me vuelvo loca de alegría. No me lo puedo creer. Tengo ganas de frotarme las manos, como hago a veces cuando estoy contenta, o de dar saltos, pero quiero permanecer como una profesional. Estoy orgullosa de haber llegado hasta ahí, al fin.

Les escribo notitas a mis padres, palabras de agradecimiento por su ayuda. Si he llegado hasta aquí, es gracias a ellos. Les digo que voy a demostrar que soy una *pro*, que estoy orgullosa de mi recorrido. Y al final firmo «la asalariada». Me gusta escribir pequeñas notas de agradecimiento y de amor a mis padres, a mi hermano, a mis amigos, a toda la gente a quien quiero. Mis padres tienen los cajones del despacho llenos de mis notas.

Mathurin trabaja en el transporte logístico y yo seré agente administrativa para la Générale de Santé de Arras Pas-de-Calais, en el servicio de facturación de la clínica. A Mat las cosas le van bien. Con Maïté acaban de comprar una casa. En cuanto a Stéphanie, ha firmado hace algunos meses su primer contrato temporal con el ayuntamiento de Beaurains. Ahora trabaja en la biblioteca municipal Louise Michel. Se ocupa de las entradas y salidas de los libros, de la clasificación, de ordenar los libros para jóvenes, las revistas...

El día que me contratan celebramos mi nuevo empleo comiendo pizza en la clínica. Doy un pequeño discurso para dar gracias a todas mis compañeras de trabajo. Digo que me siento feliz de estar con ellas y que me esforzaré por trabajar bien. Me siento bien integrada en mi servicio y hay buen ambiente. Me es agradable ir cada día al curro.

Me despierto todas las mañanas a las 7.25 am. Tomo mi desayuno: dos yogures y un zumo de naranja, y me voy a tomar el autobús de las 8.32 de la línea 6, hasta el final de trayecto, que es delante de mi trabajo. Llego alrededor de las 9 h., siempre a la hora o un poco antes. Empiezo a las 9.15 h.

Durante el festival Main Square, es más complicado. Sobre todo para llegar a la hora. Hay mucho lío por toda la ciudad y mi autobús tiene que dar un rodeo enorme para dejarme en el trabajo. Tengo miedo de llegar tarde. Me estresa un poco. Pero es genial. Está lleno de jóvenes por las calles, con *looks* rock, el pelo de colores... Todo el mundo baila y es justo al lado de mi casa, en la Grand'Place de Arras. Tengo suerte de vivir aquí. Este año es una locura. Voy al concierto de Mika. Todo el público canta con él *Grace Kelly, Billy Brown*. Y luego están los BB Brunes, The Kooks, Sigur Rós, The Do, Vampire Weekend y sobre todo... ¡Radiohead! Me encantan todas sus canciones, sobre todo *Karma Police, Creep...* y también *No Surprises* y *Paranoid Android*, que cantan en el concierto.

Cuando llego al curro en la clínica, voy hasta «la Radio»[11] a ver si hay documentos para el DIM (departamento de información médica). Luego paso a darles un besito a las azafatas de la entrada y

---

11. N. de. E.: modo informal de referirse al Servicio de Radiología del Centro Marie Curie.

me llevo las cajas del seguro de enfermedad. Llego al despacho que comparto con Isabelle. Le doy un beso, le doy las cajas, me cambio de ropa y hago un recorrido por todos los compañeros de la facturación para decirles buenos días y entregar los documentos recuperados. Le hago un café a Isa y yo me hago un té. Así es como empiezo todas las mañanas. Necesito una gran taza de té. Me siento en mi despacho y empiezo con el *mailing*.

Isabelle es más que una amiga. Es casi una segunda madre. La llamo «mi Choupinette» y también le escribo notitas para decirle que la quiero. A veces sólo le digo: «Isa, ya sabes que te quiero».

Cuando no se siente bien enseguida lo noto. Le digo que puede confiármelo todo. A veces sueño con ella, que nos hacemos cariñitos y vamos a un pequeño escondite que está en mi habitación. También sueño con mi directora, que le acaricio el cabello y la mejilla.

En el servicio de facturación, distribuyo el correo, pongo las direcciones y doblo las cartas, clasifico alfabética y numéricamente, envío fax, ayudo a recoger, hago fotocopias y a veces contesto el teléfono. Hasta le dije a mi jefa Catherine que más adelante me gustaría hacer el «estándar». Puso cara de sorpresa.

Cojo los papeles relacionados con mi servicio, los pongo en una gaveta y lo llevo todo a mi despacho. Pongo los pagos a un lado, las prescripciones a otro. Pongo las prescripciones en la pestaña «Sainte-Catherine» y doy los pagos a otro compañero. Luego, para poner las direcciones y ensobrar, emito facturas a pacientes que han pagado sus gastos de estancia. Anoto las direcciones de las mutuas y de los seguros de enfermedad en los sobres y los envío. Estoy contenta de hacer todo esto.

También clasifico expedientes por orden alfabético mirando hasta la tercera letra. Para la clasificación numérica debo tener en cuenta las tres últimas cifras. Como ayuda en la clasificación, Isabelle confeccionó para mí una tarjeta con el alfabeto y la pegó en mi mesa de despacho, además de un juego de cartas para que me entrene en la clasificación numérica. Luego anoto los números de fax y los destinatarios en el albarán de envío. Voy hasta la entrada, retiro las grapas para poner las hojas en la fotocopiadora y envío los faxes. Me quedo con los acuses de recibo, los ordeno en cajones separados. Procuro no mezclar los documentos.

Lo que más que gusta es ensobrar. Me gusta plegar las facturas en tres para que se vean bien las direcciones en los sobres de ventana. Y la clasificación alfabética también es una pasada, hace trabajar mi memoria.

A mediodía, tengo cuarenta y cinco minutos para almorzar. Siempre en el comedor con mis compañeros. Me gusta ir a comer a mediodía en punto. No me gusta mucho esperar a Isabel, y a veces prefiero comer con cualquiera, pero a la hora. El ambiente es bueno, aunque me asfixia un poco cuando hay mucha gente, sobre todo cuando vienen los alumnos de la Cruz Roja. Se come bien.

Isabel vigila un poco lo que como. Al principio no se atrevía a hacerme reflexiones. En mi primer día en la clínica habíamos ido juntas al *self* para el almuerzo. En el menú había *choucroute*. Cuando Isabel vio que cogía mayonesa, me advirtió: «¡Cuidado, no es mostaza, es mayonesa!» Le respondí: «Ya lo sé», y llené de mayonesa toda mi choucroute. Las chicas me preguntaron si tenía la costumbre de hacer eso. De hecho era la primera vez. En casa no me dejan y además nunca hay mayonesa. Así que aprovechaba la ocasión.

Tengo que ir con cuidado debido a mi corazón. Normalmente no debería superar los cuarenta kilos. Me cuesta un poco seguir estos consejos. Además, los empleados del restaurante, como me quieren, siempre me sirven más. A veces Isabel les pide que paren. Dice que le toca «el papel de mala». Tengo que limitar las féculas, evitar los quesos (¡me encantan!), no subir de peso.

A veces Isabel me quita un postre cuando tengo dos, diciéndome que todavía tiene hambre. Para ver la cara que pongo. Luego me lo devuelve diciendo que es una broma. A mí eso no me da mucha risa. Cuando dura demasiado me enfado un poco. Sobre todo en cosas de comida. Isabelle dice que no entiendo demasiado las bromas, que «me mosqueo enseguida» cuando me hacen una reflexión, que me lo tomo todo muy en serio.

Una vez una compañera, Sandrine, me dice: «Gracias *tiotte*». Entonces me voy muy nerviosa y le cuento a Isa que Sandrine es «mala» y que me trata de «*chiottes*».[12] Isabelle me cuenta que «tiotte» es una palabra amable que significa «pequeña».

Un día, otra colega me dice: «¡Tú eres tonta!» Entonces voy a quejarme a Isa. Siempre me confío a ella. Le digo que es un «maltrato». Ella se ríe: «Tonta no es un insulto». Yo insisto. Entonces Isabelle toma el diccionario y lee la definición: «Persona a quien le falta inteligencia». Entonces fuimos a ver a la colega para decirle que hay que encontrar otra palabra. Por ejemplo, tozuda como una mula. Ella está de acuerdo.

Es verdad que los burros son testarudos. Lo vi en los paseos de la asociación *À Petits Pas*. En vez de andar no dejan de comer hierba.

Después de comer vuelvo a mi trabajo. Escaneo los dossiers, los envío por mail a una colega. El lunes pongo al día los dossiers.

---

12. N. de T.: retrete.

En la entrada, pliego los fuelles y los ordeno por colores... Y a las 14.10 h. termino. Vuelvo a casa. No me gustaría currar como la directora hasta las 19 h. o las 21 h... ¡A mí eso me cansa!

Así que esto es mi trabajo, me gusta de verdad lo que hago. Mis compañeras ya son grandes amigas. Pienso en ellas todos los días.

Fui elegida «catherinette» en mi trabajo. Es una fiesta de nuestra región, una fiesta de Catherines solteras.[13] Mis compañeras me han hecho un sombrero con cintas y con sobres y la directora me eligió como *catherinette*. Me dieron un ramo de flores. Yo fui quien abrió la fiesta: «Y ahora... ¡que empiece la fiesta!»

En la clínica me consideran como a una adulta, una compañera cualquiera. Isabelle me cuida, nunca me habla con sequedad, pero a veces es firme y eso es lo que me gusta en el trabajo. Mis colegas me dan marcha para que llegue más lejos. Catherine es más dura. Me hizo una advertencia. Eso significa que trabajo mal y que soy capaz de hacerlo bien. Yo la llamo «la tigresa» porque saca las uñas cuando se enfada. Pero me respeta. Me habla de usted como a las demás. Me habla de profesional a profesional.

Yo quiero que me consideren como a todo el mundo. Pero a veces me canso y soy demasiado lenta. Como para escribir... ¡la verdad es que no es mi fuerte! Necesito tiempo. Isabelle me tranquiliza. Hago menos faltas que los que están en prácticas recién salidos de sus estudios. A veces también me cuesta un poco contestar el teléfono sin tartamudear, buscar los códigos postales en el anuario y escribirlos en las facturas.

---

13. N. de T.: *catherinette* es el equivalente de modistilla, en el sentido de chica soltera a quien le habría pasado la edad de casarse.

Al principio me inquietaban las miradas de las personas que esperan en el vestíbulo. Cuando voy a «la Radio» también me cruzo con gente que me mira un poco de reojo. Antes eso me hería. Ahora los ignoro, me importa un bledo.

En mi trabajo, a veces me llaman la «comehombres». Sí, soy un poco así. Hay un chico en prácticas que me gusta mucho. Confesé a mis compañeras que me gustaba un poco. Es asistente en el servicio de contabilidad. Se llama Adrien. Es *cool*, tranquilo. Me dedica tiempo. Cada vez que lo veo es un placer. Pero no digo nada por respeto a su novia.

El otro día, esperando el autobús, me encuentro a un chico. Se llama Sébastien. Es él quien me aborda. Me dice que quiere salir conmigo. Directo. Entonces le digo: «Sí». Fuimos a beber algo juntos. Tuve una pequeña historia con él. Le invito a mi casa y como mis padres no están, vuelve. Mi madre lo encuentra muy alto. Tiene más de un 1'80 m.

Decido presentarlo en la clínica. Llego una mañana de la mano de Sébastien. Me mantengo a su lado todo el rato. Mis compañeras se sienten incómodas y hacen una cara rara. Me dicen: «Pero Éléonore, ¿con quién sales?» Se hacen preguntas. Él tiene un problema mental. Las otras nos miran de reojo y a él no le gusta. Entonces lo dejo estar, por las demás, y sigo mi camino.

Me gusta ir todos los días a mi trabajo. Luché para conseguirlo. Estoy orgullosa de haber llegado hasta aquí y sobre todo de ganarme la vida. ¡Al fin! Ahora me siento como los demás. Gano 580 euros por veinte horas y con mi pensión de adulto disminuido esto me da casi 1.500 euros. Soy independiente. Sé que un día tendré mi apartamento.

15. Los amigos de Éléonore

Tres meses después del concierto de Dan Black de noviembre de 2009, en Tourcoing, recibo un regalo de mi vecino Patrick: un canario para mi futuro apartamento. Yo lo llamo «mi regalo envenenado», y así es como lo llama toda la familia ahora. En realidad se llama Bautista. Mi padre ha tenido que comprarle una jaula, me parece que le ha sabido un poco mal este regalo, pero ya era demasiado tarde. Pusimos a Bautista en el pasaplatos, entre la cocina y el comedor, y casi acaba siendo la merienda de Johnny. La jaula apareció enseguida en el sueño: Johnny está loco por Bautista. Entonces mi padre colgó la jaula de Bautista más arriba, en una estantería. Y así fue como encontré al pobre Johnny colgado de la jaula, con las garras atrapadas. Johnny, nuestro gato, que tiene 17 años, es muy viejo para ser un gato. Sabe sacar las uñas, pero a veces, debido a su edad, le cuesta volver a esconderlas. En cuanto a Bautista, chilla todo el día, eso mi padre tampoco lo sabía cuando aceptamos el regalo. Un canario no es como un pececito rojo.

Un mes más tarde, se crea el colectivo de *Los amigos de Éléonore*. El 25 de marzo, exactamente. Es entonces cuando la prensa empieza a interesarse de verdad en nosotros. Esto ocurre en pleno debate sobre la revisión de la ley bioética. Se habla de la trisomía como de una enfermedad a erradicar en el DPI (diagnóstico preimplantatorio). Una estigmatización más contra mi enfermedad. Y nosotros empezamos a estar hartos de estar cada vez más estigmatizados. En vez de proponer ayudas para la investigación y el acompañamiento, lo que se propone, precisamente, son tests para eliminarnos.

Con mi padre organizamos una conferencia de prensa para lanzar el colectivo. Yo seré la portavoz. Somos setenta y cinco mil personas afectadas por la trisomía 21 en Francia y nadie nos escucha. Es la primera vez que tomo la palabra en público, pero al lado de mi padre ya no tengo miedo. Él me ha explicado lo que es esta estigmatización y me ha pedido que simplemente hable de mí, de lo que siento como persona afectada por la trisomía 21. Para esto confía en mí. Y yo sé que siempre está orgulloso de mí.

La sala ya está llena. Hasta hay gente sentada en las mesas del fondo. Mi padre ha reservado la sala del primer piso del hotel-restaurante Le Carnot, delante de la estación de Arras. Me instalo junto a él y Jean-Paul Wickart, el padre de Élise, con quien yo iba al colegio y que es amiga mía. Jean-Paul es tesorero de la nueva asociación y vicepresidente de *Down Up*. Me he puesto guapa para la conferencia de prensa. Llevo mi túnica roja con un chal marrón y un top con cuello blanco grande. Mi padre también está guapo con su camisa roja. Vamos combinados. Nosotros tres animaremos la conferencia de prensa.

Mi madre, en la primera fila, me hace cucú. Élise está sentada frente a mí, muy modosita e intimidada. Pienso que se siente un poco perdida con la gente. También veo a Stéphanie más lejos, en la parte de atrás, a Lise-Marie De Reu y a algunos amigos de mis padres. Pero yo sigo superconcentrada. Es un día importante. Sé que todo esto mi padre lo hace también por mí. Y además tengo ganas de hablar, de decir cosas. Han venido periodistas, de *La Voix du Nord*, de *L'Avenir de l'Artois*, de *Nord Éclair*, fotógrafos... No tengo que decir tonterías.

Mi padre empieza. Nos presenta a Paul y a mí. Habla de la revisión de la ley de bioética y de los avances en la investigación sobre la trisomía 21. Dice que somos «personas en el sentido pleno de la palabra a quienes no se puede excluir, ni estigmatizar», que «hoy día no se puede esperar que se cure la trisomía 21» y además que somos una «nueva generación» de personas con trisomía que ha seguido un recorrido en integración, «que trabaja, que cotiza, paga impuestos». Luego mi padre proyecta un video de mí en mi trabajo. Me filmó en la Clínica Sainte-Catherine, antes del traslado de mi servicio. Se ve a mi colega Isabelle, que dice que nunca había frecuentado a personas trisómicas antes de conocerme y que al principio se preguntaba «qué trabajo podrían darme en el servicio de facturación». Que luego «se quedó prendada» de mí, que soy «más que útil» en el servicio, que «formo parte de la facturación», que soy «una colega como otra cualquiera, autónoma» en mi trabajo y que «todo el mundo me echa de menos» cuando no estoy. Francamente, todavía me gusta oírlo, aunque ya había visto el vídeo en el ordenador de mi padre.

Yo también salgo en la película. Soy yo quien la finaliza. Digo unas palabras para dar ánimos y hablo de Robin, mi novio: «Hay que luchar. La gente ve a los trisómicos como bichos ratos. Los trisómicos dan risa a mucha gente, pero a los que se burlan de mí o de Robin, nosotros los ignoramos. Punto. Esto es lo que siento como trisómica. Los que se burlan de Robin... Robin tiene que decirse: "¡Tengo más cromosomas que ellos!".» Y entonces toda la sala se ríe, hasta Elisa, ahí delante.

Mi padre vuelve a tomar el micrófono. Dice que mis testimonio es «muy espontáneo» y «rico» y que quiere que muchos se sumen conmigo al colectivo. Luego recuerda una vez más que mi enfermedad está estigmatizada y que hoy día estamos ante un verdadero peligro con la «detección sistemática de la trisomía 21». La trisomía 21 no debe convertirse en «la primera enfermedad estigmatizada en todos los casos de embarazo».

Luego se irrita un poco, pero le doy la razón. Habla de una familia francesa que quiere trabajar en Canadá y a quien rechazan porque tiene un hijo trisómico; luego de un grupo de antitrisómicos en Facebook y de todos los que quieren encerrarnos, escondernos o ponernos en instituciones especializadas y luego se quejan de que salimos muy caros. Es para denunciar todo esto que lanzamos el colectivo y esperamos reunir a muchos amigos.

Luego mi padre lee un llamamiento del colectivo *Los amigos de Éléonore*:

«Nosotros, padres y amigos de Éléonore, afectada por la trisomía 21, pedimos que se reconozca la dignidad de todas las personas afectadas y se respeten sus derechos. Nos negamos a que nuestros hijos y allegados afectados por esta enfermedad sean objeto de discriminación y a que su enfermedad sea estigmatizada.

La propuesta del Consejo Consultivo Nacional de Etica, asumida por el relator de la misión parlamentaria, Jean Leonetti, en el sentido de ampliar la detección de la trisomía 21 en el marco del DPI, nos ha dejado consternados. Hay alternativas: acoger a estas personas, dar información sobre su enfermedad e investigar tratamientos que puedan mejorar su vida cotidiana.

Rechazamos la doble condena de la que son víctimas nuestros hijos: la estigmatización de la enfermedad y la ausencia de ayuda pública para la investigación.

¡Nuestros hijos tienen derecho a ser felices!

Hoy, 25 de marzo de 2010, hacemos un llamamiento solemne. A todos aquellos que dicen sí a la investigación en vez de a la discriminación o la estigmatización: uníos al colectivo *Los amigos de Éléonore* y escribid personalmente:

al señor diputado Jean Leonetti,

a los diputados y a los senadores,

al presidente de la República, Señor Sarkozy,

al primer ministro, Señor François Fillon,
al ministro de Sanidad y al ministro de Investigación,
para pedir con nosotros:

Que se financie la investigación de un tratamiento de la trisomía 21,
Que no se inscriba la detección de la trisomía 21 en el DPI,
dentro del proyecto de ley relativo a las revisiones de las leyes
bioéticas.

Como ciudadanos de los *Estados generales* de la bioética, recordamos
que la solución al handicap pasa exclusivamente por la investigación
sobre las enfermedades y no por la eliminación».

Todo el mundo aplaude. Hay personas que hacen preguntas. Una
mujer, muy conmovida, declara que quiere ayudarnos. Parece que
llora. El padre de Élise habla de la investigación. Mi padre cuenta
que quiero que se haga un «Trisothon» porque en el programa
Téléthon[14] nunca se habla de la trisomía. Dice que incluso le he
pedido que vaya a *Fort Boyard*[15] para recoger dinero, pero que él
no es «lo bastante deportivo». Esto hace reír a la gente. Pero que
se me ha ocurrido que, como no está muy en forma, puede participar en *¿Quién quiere ganar millones?*
   Luego mi padre dice que «un rayo de luz» como yo «hace bien
en este mundo de embrutecidos». Cuando le hablan de la estigmatización, Manu se despacha a gusto. Cree que no se nos ve lo
bastante en la prensa, en la televisión... Añade que a mí también

---

14. N. de T.: programa de televisión concebido como una «maratón» para recoger fondos para alguna causa, a menudo destinados a la investigación sobre una
enfermedad.
   15. N. de T.: un show de televisión.

me gustaría actuar en *Más bella la vida.* Es una serie que adoro. La sigo todos los días a las 20.15 h. Un día, mi directora me pregunta si me gustaría salir con el actor Pascal Duquenne, que actúa en *Octavo día* y si me gustaría hacer cine. A lo de Pascal Duquenne, respondí «¿Por qué no?» Pero lo del cine, francamente, no hay duda, me gustaría hacer el papel de Luna en *Más bella la vida.* Cuando no puedo ver un episodio, mi madre me lo graba. Y cuando se va tres semanas a Australia o a Nueva Zelanda con su clase, como casi todos los años, soy yo quien se la cuenta. Se la resumo por mail: «Nathan ha dejado a su padre. Está de okupa en el apartamento de Ninon con una colega que busca en las basuras. El padre de Gaspard murió de una crisis cardíaca. Han recuperado las cenizas», etc.

Mi padre sigue hablando: «... ¡Y es mi vecina de mesa quien mejor podría hablar de la discriminación.» Esto significa que me toca hablar, *la vecina* soy yo. Cojo el micro. Estoy emocionada y me tiembla un poco la voz. Quiero contar todo lo que llevo en el corazón, las cosas duras que sufrimos, lo mal que se habla de nosotros: «No está bien, no es justo. Como trisómica, tengo que decirlo: es duro. Hago todo lo que puedo por luchar contra eso». Cuento lo que significa tener un hijo con trisomía, lo que siento yo también... Digo todo lo que cuenta para mí, el amor de mis amigos, de mi familia, de mis padres... y luego me pongo a llorar. Estoy demasiado emocionada.

Mi padre me coge el micro, pero yo se lo quito para seguir. Doy las gracias a todos los que han venido y luego felicito a Jean-Paul y a Manu, y digo que este colectivo es «una idea súper buena». «En el fondo de mis entrañas sé que esto duele, pero soy yo misma. Mi madre ha luchado al máximo junto a papá. Hay que tener esperanza y a papá le quiero decir que vaya a *Fort Boyard*...» Entonces todo el mundo se pone a reír otra vez. «Como triso, se puede cambiar todo. Se puede hacer un *Téléthon* especial para la trisomía...» Quería insistir en eso porque es mi sueño.

Al final de la conferencia todo el mundo viene a saludarme. Mis padres, que dicen que he gestionado bien mis emociones, Amandine, Lise-Marie de Reu, amigos... Unos días después, en la página web de *Los amigos de Éléonore*, mil quinientas personas y una treintena de asociaciones firman nuestro llamamiento. Recibimos muchos mensajes de apoyo, felicitaciones. Amigos, desconocidos, hasta una colega de mi madre que estuvo hablando con Élise en la primera fila durante la conferencia de prensa.

Toda la prensa regional habla de nosotros: «Con un cromosoma de más y no menos realizada» (*Nord Éclair*), «Los amigos de Éléonore van a combatir» (*L'Avenir de l'Artois*), «Éléonore, 24 años, afectada por la trisomía 21... ¡y qué!» (*La Voix du Nord*)... Todavía queda la prensa nacional por convencer.

Desde la creación del colectivo *Los amigos de Éléonore*, la gente me mira de otra manera. Hay personas que me hablan en la calle. Me reconocen porque me han visto en la televisión o en la prensa. Me felicitan. En la calle o en el autobús.

Mi papel como portavoz de la asociación me ha ayudado a avanzar. Hoy día puedo convencer a las madres y a los médicos. Les explico que se puede vivir con la trisomía 21, pero que hay que encontrar un tratamiento para curar esta enfermedad. Antes yo era más tímida. Ahora lo soy mucho menos. Me ayudó mucho que mi padre me nombrara portavoz de la asociación. He aprendido a hablar en público. También acudo a la jornada mundial sobre la trisomía 21, aprendo a gestionar mis emociones con ayuda de mis padres.

Soy muy emotiva. Por ejemplo, cuando veo a mi hermano o a otro miembro de mi familia. Se puede ser emotivo, pero no demasiado rato. Entonces me digo, dentro de mi cabeza: «¡Stop!» Y vuelvo a quedarme como antes, con una sonrisa.

16. Cuando me hablan como a una niña

Hablo sola. Eso es lo que me hace sentir diferente. Me esfuerzo por controlarme en casa, por la noche. Pero no es fácil. Además, me gusta hacerlo. Mis padres me han pedido que lo evite delante de otras personas. Durante mis primeras prácticas de quince días, cuando estaba en el instituto, eso les chocaba a mis compañeros de trabajo. Me lo habían dicho.

Cuando era pequeña, le hablaba a una persona imaginaria, en el rincón de una habitación. El médico del hospital Necker había dicho que eso no era muy bueno. Mi madre me decía que le hablara a ella en vez de a un individuo que no existe. Creo que eso forma parte de mi trisomía. Todavía me ocurre esto de hablar sola, pero discretamente y nunca en la calle. Me parece extraño cuando alguien habla solo en voz muy alta, en la calle. Vi a un señor así.

Además también hago gestos... Cazo moscas. Sacudo mis manos, así, para mostrar que estoy contenta. A veces también cuando algo me molesta. Y cuando me siento feliz o excitada, me froto las manos muy deprisa. Evito hacer estos gestos delante de la gente.

Mi madre me encuentra muy excesiva en mis reacciones.

Sé que soy diferente, pero no soporto que me infantilicen.

Los periodistas me dicen a menudo: «Y tu papá... tu mamá...» Yo quiero que me hablen como a una adulta, que me digan «Tu padre, tu madre...» No soy una niña. Me gustaría ser considerada una adulta. Aunque tenga aspecto de más joven. A veces le muestro artículos de prensa a mi padre y exclama: «¡Mi hija tiene razón!» A mi madre también le molesta que la gente me hable en plan infantil. Le irrita mucho y yo la comprendo. Una de sus compañeras me dijo: «¡Siéntate en mis rodillas, Éléonore!» A mamá la exasperó que me hablaran como si tuviera cinco años.

Las cajeras de Leclerc me conocen, ellas me respetan. En casa de mi abuela materna, a quien llamo *mémé*, me mimaban. Ahora está muerta. Tengo una foto suya en mi habitación y cada vez que la miro la oigo decir: «¡Ah, mi niña querida!» Así es como me hablaba ella. Era afectuosa, pero al mismo tiempo me daba caña. Me hacía un bol de chocolate con tropezones. ¡Qué bueno era! Yo le decía «¡Gracias *mémé*!» y ella respondía: «De nada, mi niña querida». Cada vez que iba a su casa, miraba con ella el programa de cocina de Robuchon, luego *Es mi elección*, con Évelyne Thomas, también mis series... Ella tampoco me infantilizaba. Nunca. Me hablaba como a cualquiera. No como mi abuela materna, que sólo es afectuosa. A mí me gusta que me animen a hacer cosas interesantes, pero ella me habla como a una niña. Aunque también le habla así a mi padre... Dice cosas como: «Mi hijo, cuando era joven, era guapo. Mi hijo esto, mi hijo aquello...» Eso me molesta.

Mis abuelos paternos son muy creyentes. Van a misa todos los domingos, a mediodía, por la noche... También van a Lourdes. Dicen que allí rezan por mí, no sé por qué. A mí me bautizaron para complacerles, pero luego lo dejé estar. No hice la comunión. Dios, Jesús, todo eso... no es mi rollo, me da un poco igual. No creo en eso. Encuentro que es una pérdida de tiempo. Mi madre es atea. Más aún después de la muerte de Valentín. ¡No hay que darle la lata con la religión! La bautizaron, incluso hizo la comunión. Pero a los 14 años decidió no volver a poner los pies en la iglesia. De todas formas no escuchaba al cura, iba allí con sus libros de clase, sus libros de inglés. Así es como llegó a ser profe de inglés. Sus padres la dejaron estar. Mi padre dice que se puede ser una buena persona sin religión. Y mi madre es una buena persona. Mi padre es como ella, pero es más tranquilo con todo esto. Creo que es por eso que mi abuela paterna me habla en plan infantil. Es por Dios.

La gente me quiere. Dicen que soy simpática, afectuosa, risueña... me conmueven. Sólo la gente que no me conoce me habla como a una niña.

17. Un colectivo que da que hablar

A partir de la creación del colectivo, todo se acelera. El 30 de abril vamos a Rennes, mi padre y yo. No tenemos tiempo de visitar la ciudad. Tenemos que preparar enseguida la conferencia de prensa, las mesas, las sillas, el proyector... Después de Arras empezamos a estar acostumbrados. La presentación, las preguntas, los periodistas...

El 7 de mayo vamos a Marsella. Mi padre me pregunta si estoy preparada para hablar otra vez. Pienso en lo que voy a decir. Y todo vuelve a salir bien. El público es simpático. Pero esta vez tenemos un poco más de tiempo y al día siguiente pido visitar los estudios de *Más bella la vida*.

Hago andar a mi padre por toda la ciudad, lo encuentro muy divertido. Además va arrastrando nuestras maletas. «¿De verdad que quieres ver los estudios de *Más bella la vida*, guapa?» No dejaba de preguntármelo porque estaba harto de dar vueltas. No encontrábamos la *Friche la Belle de mai*.[16] A mí me da igual, me encanta andar. «¡Por supuesto, papá, tengo ganas de verlos!» Estuvimos andando, andando... Y cuando encontramos los estudios, vimos barreras por toda partes. No se podía entrar. Sólo vimos la puerta del Bar du Mistral.

Ese día, en *France Info*, Marie Christine Lauriol, corresponsal en Marsella, habla de nosotros: «*Los amigos de Éléonore* pasaron

---

16. N. de T.: un centro cultural en Marsella.

ayer por Marsella […] Este colectivo, creado el pasado 25 de marzo por padres y allegados de personas afectadas por la trisomía 21, ha iniciado una vuelta a Francia para pedirle al Estado ayuda financiera para la investigación sobre esta enfermedad […] Hoy día, lo único que se les propone a los padres es la detección precoz […] En vísperas de la presentación del proyecto de revisión de las leyes de bioética por le ministro de Sanidad, el legislador considera incluso crear una lista para el diagnóstico preimplantatorio, en la que la trisomía 21 figuraría en solitario. Si esta ley fuera aceptada, la trisomía 21 se convertiría en la primera enfermedad en ser estigmatizada...» Y luego la cadena se refiere a la acogida de las personas afectadas por la trisomía 21, a la información sobre la enfermedad, la búsqueda de tratamientos...

El 20 de mayo estamos en París. Élise y su padre, Jean-Paul, se unen a nosotros. Nos sigue todo el día un periodista de *Pèlerin* y un fotógrafo. Tenemos que vernos con la ministra Roselyne Bachelot. De hecho nos recibe uno de sus consejeros, Alain Graf, relator de los *Estados generales* de la bioética. Me impresiona porque es inmenso e hiperserio. Escucha y toma notas cuando se habla del colectivo. Pero a Manu le decepciona no poder ver a la ministra. El señor Graf dice que Roselyne Bachelot no quiere inscribir la trisomía en la lista de enfermedades a erradicar, y eso es lo que nosotros queremos. Pero al salir no sabemos muy bien qué pensar. Mi padre dice: «Ya veremos». Tenemos algo de tiempo para pasear por el Trocadero, ver la torre Eiffel y hablar en un restaurante de lo que vamos a decir. Luego vamos al hotel Boudonnais para la conferencia de prensa. Me siento feliz porque entre el público encuentro a mi madrina, que vive no muy lejos, en Neuilly, y ha venido a verme.

Pero la jornada no ha terminado. Vamos a ver a Jean-Paul Delevoye, el mediador de la República. Es hipergrande, como su despacho. Allí todo está ordenado, cuadrado, con botes llenos de lápices, una agenda y también escoltas. Jean-Paul Delevoye conoce bien a mi padre desde niño y también a mis abuelos paternos. Es alcalde de Bapaume. Está a unos diez quilómetros de Moyenneville, donde nació Manu.

Élise está aún más tímida que de costumbre y yo me veo muy pequeñita junto a Jean-Paul. Le digo que le llego al hombro. Me dice que no importa y se agacha para darme un beso. Lo aprecio mucho. Es como un amigo.

El mismo día, la cadena Public Sénat difunde un reportaje sobre mí. En él mi padre cuenta nuestro encuentro de la mañana con Alain Graf. La senadora Bernadette Dupont está invitada en el plató. Tiene una hija con trisomía. Luego pasan otro reportaje, el de las 12:45, presentado por Aïda Touihri en M6 y rodado dos días antes en Arras. Se me ve en casa, en el autobús, en el trabajo... mi vida contada en menos de tres minutos: «Se llama Éléonore y, según el médico que la vio nacer, era una aberración cromosómica, hablando claro una trisomía. Veinticuatro años más tarde, la "aberración" es una mujer realizada. En la actualidad trabaja como todo el mundo y su desafío actual es luchar en nombre de los afectados por el síndrome de Down. Esta mañana ha sido recibida por el ministro de la Salud...» En el reportaje tengo una pinta tremenda, llevaba mis *leggins* de rayas debajo de una falda escocesa. ¡Muy rock!

La prensa también habla de nosotros: *La Croix, France Soir, La Vie, Le Parisien*... «Éléonore se va a la guerra», «Éléonore, trisómica, no quiere la detección precoz de su enfermedad», «Una joven trisómica hace oír su voz en el debate bioético», «Éléonore o el derecho a la felicidad», etc.

El 22 de mayo nos visita un consejero del primer ministro François Fillon. David Gruson es consejero para todos los asuntos sobre la salud. Es de Arras. Viene a hablar con mis padres a casa antes de reunirse con su familia.

El 27 de mayo hay el coloquio de France Télévision sobre la inserción de personas con disminución en el trabajo. Esa mañana *Arras Actualités* nos hace una foto delante del TGV, pocas horas antes del coloquio en el que intervendrá mi padre. Esta vez me quedaré entre el público. Al día siguiente veré mi foto en un artículo: «Para que a todas las Éléonores se les reconozca el derecho de ciudadanía». El periodista recuerda que el anuncio a los padres de la trisomía 21 «da lugar a una eliminación sistemática del feto».

El 24 de junio se emite el reportaje de France 3 Nord Pas-de-Calais. «¿Hay que detectar sistemáticamente la trisomía 21?» Salgo con mi amiga Isa y mis padres. Mi padre cuenta que se puede vivir con una persona trisómica y ser feliz con ella. Mi madre estaba muy emocionada en el reportaje y yo quería darle mi apoyo cuando hablaba de mi nacimiento mirando mis fotos. Catherine Genisson interviene en la cadena tras el reportaje. Forma parte de la misión parlamentaria que ha trabajado en la ley de bioética. Me gusta mucho esa mujer. Es simpática, no muy alta, como yo, y nos apoya.

El 7 de julio, con Manu y Jean-Paul Wickart, fuimos a ver a Jean Leonetti en su despacho de la Asamblea Nacional. Soy yo quien le agradece que nos reciba. Y mi padre habla de las razones de la creación del colectivo *Los amigos de Éléonore*, de la estigmatización, de la necesidad de financiación para la investigación, de las acciones del colectivo. Jean Leonetti dice que no habrá lista de enfermedades para la DPI, pero quiere que los padres reciban información sobre la detección. Tiene miedo de que luego los padres presenten demandas. Me dedica un libro: *Cuando la ciencia transformará lo humano*. Escribe: «Para Éléonore, que sabe que... cuando la ciencia transforme lo humano... habrá que preservar la fragilidad de lo humano. Amistosamente».

Dos días más tarde recibimos una respuesta de la ministra Roselyne Bachelot, fechada el 7 de julio. Nos la transmite el diputado Jean-Pierre Kucheida. Dice: «Se ha indicado a *Los amigos de Éléonore* que velaré particularmente, con ocasión del reexamen de la ley de bioética, para que se mantengan las disposiciones actuales que reservan la indicación del diagnóstico preimplantatorio a las enfermedades incurables y de una particular gravedad, entre las cuales no se encuentra la trisomía 21».

El 15 de diciembre de 2010, Thierry Berthou, el fotógrafo, me sigue todo el día para preparar el libro *Suplemento de alma*. Un libro de catorce retratos: personas con trisomía y algunas otras, como el escritor Jean-Louis Fournier o el abogado Vincent Potié, que luchó junto a mis padres para que yo permaneciera en la escuela. Stéphanie y Robin también estarán en el libro. Thierry me fotografía en mi casa, con mi guitarra eléctrica, delante del espejo, y luego me acompaña a mi trabajo.

Durante el trayecto en autobús un tipo se pone nervioso y dice: «¡Pare ya de tomarme fotos!» Entonces Thierry le dice lo que está haciendo, que es en mí en quien se interesa. El señor se calma.

Por la tarde intervenimos y debatimos en París con diputados y con la filósofa Danielle Moyse en la Asamblea Nacional. Thierry todavía me sigue. Cuando espero en un café delante de la Asamblea, veo a David Douillet. Voy a saludarle para hablar de judo y Thierry me toma una foto con él.

Ahora que existe el colectivo tengo menos tiempo para ir a conciertos. Pero no quería perderme la gira *Escape to plastic beach* de Gorillaz. Pude ir a verlos el 25 de septiembre a la Lotto Arena, en Anvers, con mi madre y Mathurin.

Me encanta este tercer álbum, *Plastic Beach*. Toda la pandilla de Damon Albart está ahí: Bobby Womack, Neneh Cherry, Simon Tong, Mick Jones y Paul Simonon de los Clash... Estábamos muy arriba, veíamos toda la escena y a las ocho mil personas alrededor. ¡Era gigantesco!

Flipo con la canción de apertura, luego Snoop Dogg en la pantalla gigante, el clip *Stylo* con Bruce Willis, *Cloud of Unknowing* de Bobby Womack y su voz impresionante. Y Bashy y Kano eran una pasada en *Clint Eastwood* , con todos esos dibujos animados de Jamie Hewlett... Para mí, es el concierto del año.

18. La Isla Bon Secours

La clínica Sainte-Catherine se ha trasladado al hospital Arras Les Bonnettes. Es el segundo traslado de mi trabajo desde la clínica Bon Secours.

Manu cree que es necesario transformar la clínica Bon Secours. Sueña con una «residencia intergeneracional». He anotado la palabra en uno de mis repertorios. Significa que se mezclan todas la edades. Mi padre habla a menudo de esto cuando explica su proyecto.

¡Pero de momento está todo en obras! Todo blanco y vacío. Es un poco triste. Manu trabaja con el inversor social Pas-de-Clais Habitat donde hice mis prácticas. Me cuenta que tienen un buen recuerdo de mí allí, sobre todo Martine, mi tutora de prácticas. Está preparando la residencia con *Down Up* y una asociación de personas mayores. Hace tres años que trabaja en eso, desde que supo que la clínica estaba en venta. La residencia se llamará «Isla Bon Secours».

Hace más de diez años, mi padre y Pas-de-Calais Habitat querían crear una fábrica artística para personas con déficit intelectual. Leroy Merlin había aceptado ser su partenaire. Pero como las asociaciones que trabajan con disminuidos no estaban de acuerdo, lo dejó estar. Ahora, con Bon Secours, la cosa funcionará.

La clínica fue reconstruida. El inversor conservó la capilla y ha abierto una guardería de empresa para treinta niños. Manu revisó los planos y con la ayuda de otros arquitectos cambió algunas cosas. Al principio no se habían dado cuenta de que las personas con trisomía 21 somos muy bajitas. Así que tuvieron que cambiar los interfonos. En las puertas añadieron una segunda mirilla, más baja, porque yo no podía ver nada. Mi padre también quería duchas a ras de suelo y cocinas abiertas, con hornos prácticos: las puertas se deslizan hacia abajo para que uno no se queme y tienen placas de inducción en vez de gas, que es demasiado peligroso. También quería que las sillas de ruedas pudieran circular por todas parte y luego espacios colectivos, para que la gente se reuniera, un jardín colgante… La Isla Bon Secours es grande. Voy allí de vez en cuanto con mi padre para ver cómo avanzan las obras. Es todo blanco y todavía no hay ningún mueble, ninguna decoración.

Hay setenta y cinco apartamentos. Diez están previstos para personas con trisomía. Mis padres me han anunciado que ahí es donde yo viviré. No sé cuándo, pero estoy contenta. Cuando mi hermano consiguió un apartamento, pensé: «Entonces, ¿por qué no yo?» Ya no tendré a mis padres ahí dando la lata, como dije en la tele. Al fin seré independiente. Soñaba con mi apartamento, con mi habitación, mi despacho… con colores vivos por todas partes.

Tendré un apartamento, pero mi hermano va a vender la casa que había comprado con Maïté hace dos años. No están bien. Se han separado. Creo que Mat no se aclara demasiado y todavía cree que ella va a volver.

19. ¿Qué es el amor?

He roto con Robin porque no tenía trabajo. Además había algo que me ponía muy nerviosa, su madre, que lo protege demasiado. ¡Siempre estaba agarrado a sus faldas! Yo no soy así. Seguimos siendo amigos. Para mí es como un hermano. Pero he vuelto con Benjamin.

A Benjamin lo conocí en el instituto cuando tenía 20 años. Él tiene 24. Él no es triso, pero tiene una disminución intelectual. Es una historia… un poco complicada. Tiene problemas serios con su padre. Cada vez que me lo encuentro en el autobús, hay problemas. Le dice una y otra vez a Benjamin que deje de verse conmigo. Ha perdido a su mujer, ha perdido su trabajo y ahora la toma con su hijo. Dice que «esa chica» no tiene que salir con su hijo porque tengo la trisomía 21. No le gusta nada.

A comienzos de febrero de 2011, TF1 viene a filmarme para la emisión *¿Qué es el amor?* Han venido tres hasta Arras para el reportaje. Está Lucienne, la periodista, Adrien, el cámara, y Denis, el de sonido. Se han instalado en el centro, en el hotel Ibis, y estarán tres días pendientes de mí, para seguirme por todas partes.

Con Benjamin, me filman en las calles de Arras. Vamos de tiendas los dos para San Valentín, en plan enamorados. Queremos hacernos regalitos. Entro en *La Carteria* para comprarle una carta de San Valentín con unos gatos divertidos. Nos decimos palabras de amor.

Al principio el padre de Benjamin acepta que entrevisten a su hijo, pero no había entendido que lo iban a filmar. Luego no quiere que su hijo salga en la tele, sobre todo conmigo. Le levanta la voz a Lucienne por teléfono, luego a mi padre. TF1 propone difuminar a Benjamin, ¡pero el padre tampoco quiere ver a su hijo difuminado! Amenaza a Manu, quiere poner una demanda. Entonces intervengo. «Papá, lo dejamos estar, porque crea problemas y luego esto va a afectar a Benjamin». Entonces suprimen a Benjamin del film.

Me puse muy triste, Benjamin también. Pero mi hermano acepta ser filmado y eso me gusta mucho. Es la primera vez. Durante la comida, comiendo salchichas, Mat, cuenta por qué mis padres pasaron más tiempo conmigo cuando éramos pequeños.

Me encanta la salchicha. La compramos en Becquart. Y cuando voy allí me dan siempre una rodaja de salchichón con ajo, porque me quieren. Mi madre dice que a ella no le dan nada. También hacen *crépinettes* y tripas... ¡Me encanta! En Arras también hay la fiesta de la salchicha en la Grad'Place. Se hace el 25 de agosto, la víspera de mi cumpleaños. Nosotros no vamos, pero en todos mis cumpleaños comemos salchichas.

Después de la comida enseño mi habitación al equipo de TF1, con mis fotos y mis posters de The Servant, luego mis cuadernos y mi diccionario, el *Robert Collège*, el grande. Me filman también al día siguiente: por la mañana durante el desayuno, en casa, en el cuarto de baño mientras me peino, luego en el autobús.

A menudo en el autobús hay gente que me mira de reojo. «Me hiere, es como si me dieran cuchilladas». Esto es lo que digo en el reportaje. Y luego vamos a mi trabajo. En la dirección de la Générale de Santé empiezan a estar un poco hartos de periodistas. Ya han ido France 3, M6, La *Voix du Nord*... Dicen que perturba un poco el servicio, pero aun así aceptan.

En casa, TF1 me filma viendo álbumes de fotos con mi madre. Mi madre habla de mi nacimiento. Está muy emocionada, el equipo de televisión también. Confiesa que de haber sabido que yo tenía el síndrome, quizás hubiera abortado si los médicos le hubieran dicho que era mejor, pero que está contenta de no haberlo sabido. Le digo que yo «luché por vivir». «Desde que naciste, empezaste a luchar por vivir», repitió mamá.

Hoy día es aún peor. Las mamás están obligadas a saber. Debe de ser duro para ellas tomar una decisión. Mi padre dice que es triste un mundo donde se elige a los niños que tienen que nacer. En mi Mac tengo muchos vídeos de madres que cuentan cómo fue el nacimiento de su hijo afectado de trisomía. Fue Manu quien las filmó para *Down Up*. Se sienten abandonadas y perdidas. A veces no les explican nada o les preguntan: «¿Qué quiere usted hacer?»

Con el equipo de TF1 vamos a DanjouBoda y elijo los colores de mi cocina: verde y rojo. Colores chillones, como me gustan a mí. Luego vamos a ver las obras de la Isla Bon Secours. Visito el apartamento donde voy a vivir. Entonces me doy cuenta de verdad de que eso es mi casa. ¡Es espléndido! Tendré cuarenta metros cuadrados. ¡Es genial, pero todavía queda trabajo! Mi padre me pregunta si quiero una cama sencilla o doble. Le digo: «Doble, por si se pasa mi novio».

A mis padres les conmueve pensar que pronto van a dejarme sola. Entonces, para tranquilizarles, les digo que podría pasar los fines de semana con ellos y que compraría cervezas para mi padre. Le gusta la Ch'ti y la Rince Cochon. Tengo prisa por vivir en mi propia casa, por ser como mi hermano.

Algunas semanas después, tomo el TGV para grabar el programa *¿Qué es el amor?* Alguien nos espera en la habitación y llegamos a los estudios del programa en taxi. Es en un gran hangar. Me maquillan, me peinan. Me gusta, porque me siento más mujer. Nos traen bebidas. El equipo técnico es simpático. Hasta me hice fotos con Carole Rousseau. Francamente, vale la pena, ¡es súper guapa!

Ella me pregunta sobre lo que quiero hacer con mi novio. Entonces le digo que quiero prometerme, una despedida de soltera, despedirme de trisómica y casarme. Durante la emisión me pregunta si a veces la exigencia de mis padres resultaba difícil. Respondí: «Es una buena pregunta. Dentro de dos meses tendré mi apartamento y tengo ganas de decirles: ¡dejadme tranquila!»

20. Mi casa

Me gusta volver a mi casa el domingo por la noche. Cuando llego, me quito el abrigo, me pongo las zapatillas y dejo la maleta en mi habitación. Ahora puedo gestionar mi vida yo sola. Además, puedo cocinar, ocuparme de mi ropa, leer mi correo, hacer mis cuentas, vaciar mi lavavajillas, hacer la limpieza... Mi padres son caóticos, un poco como Stéphanie. Yo soy ordenada. Me encanta que mi casa esté reluciente.

¡Sí, ya está! ¡Me he mudado! Vivo en el distrito IV, donde estaba la antigua maternidad, en el barrio de la prefectura de Arras. Aquí es donde nací y también donde hice mis primeras prácticas. Era en la planta baja. Creo que ya lo he contado.

La primera noche que dormí sola en mi casa estaba contenta y excitada. Tenía mi propio apartamento, como mi padre. También tenía un poco de miedo. Cuando mis padres me dijeron «Adiós Éléonore» y yo respondí «Adiós, enamorados», me encontré sola detrás de la puerta y me sentí muy rara. También me impresionaba estar en el cuarto piso. Cuando miraba por la ventana me daba un poco de vértigo. Estaba muy alto. Por la noche soñé conmigo sola en el piso y con mis padres haciendo vida de pareja. Yo era independiente.

Por la mañana me llamaron mis padres para saber si todo había ido bien. Uno o dos fines de semana preferí quedarme en mi casa. Ahora me gusta mucho encontrarme con mis padres cada viernes por la noche. Cuatro horas por semana tengo a una auxiliar que viene ayudarme, para mi ropa, mis comidas. Hay una que al principio me hablaba un poco como a una niña, así que le dije que podía hablarme con normalidad. Ahora me respeta y me habla como a los demás, como a una adulta.

Elegí colores chillones en todas partes. Rojo y verde para mi cocina, rosa y verde para mi cuarto de baño. Con mis padres, compré tres lámparas: una roja, otra de color rosa y otra naranja, un escritorio de madera violeta y un sofá violeta. Aquí tengo mis libros, mi guitarra, una foto de Mathurin vestido de hockey en mi cocina, el sombrero beige de Matt Fisher cerca de mi cama, una foto dedicada de Carole Rousseau encima de mi estantería, y, sobre mi escritorio, una foto tomada en el camerino de The Servant en 2007, en el Splendid de Lille, justo antes del concierto. Estamos haciendo el tonto con Dan y Matt. Dan lleva una de las T-shirts que había pintado por la tarde.

Pero a mi «regalo envenenado» lo dejé en casa de mis padres, dentro de su jaula. Ya es bastante que deje que se mueran mis plantas...

Mi alquiler es de trescientos sesenta euros, pero como tengo la APL (ayuda personalizada para alojamiento), pago muy poco. Empiezo a hacer mis cuentas yo sola. Miro mis gastos por Internet y controlo mis cuentas. Mi padre, cuando vio mi cuaderno, me dijo: «Querida, estás en números rojos». Sí, había anotado mis gastos, pero me había olvidado de poner lo que gano en mi trabajo y mi pensión de adulto disminuido.

En casa miro cada vez menos la televisión. Sobre todo escucho música, ligera francesa, rock. Sobre todo rock. Depeche Mode, Gossip... y toco la guitarra eléctrica. Ya está, he vuelto a mis clases con un nuevo profesor, François-Xavier. Voy todos los miércoles a Art & Music. Ahí es donde Stéphanie toma clases de pintura. Es un curso colectivo. Los otros hacen armónica o ukelele. Toco trozos de Bob Dylan, de Gossip, de Adela o de los Rolling Stones. También me gusta mucho este grupo. Hace tres años fui a ver *Shine a Light*, de Scorsese, sobre los Rolling Stones. Keith Richards es colega mío. Es mi preferido, con su pinta de pirata. En este momento estoy aprendiendo *Rolling in the Deep*. Tendré que enseñárselo a Robin, le encanta cantar *Adèle*. También vive en la residencia, como Stéphanie, con todos a los que quiero.

Toda la gente de la residencia puede encontrarse en el Kiosco, en la sala de convivencia. Hay personas mayores, triso como yo y familias jóvenes también. Esta era la idea de mi padre: mezclar a todo el mundo y crear como un pueblecito.

Al principio, con Stéphanie, Robin, Amandine y los demás, llevábamos el Kiosco. Preparábamos cafelitos para las personas mayores. Luego nos cansamos de servirles y verles ahí esperando, sin hacer nada. Ahora jugamos juegos de sociedad, charlamos... Y les hacemos cafés si queremos, para ser amables. Yo voy al Kiosko porque necesito ver gente. Hay buen ambiente con los de la residencia.

Las personas mayores son un poco más lentas que nosotros. Para andar, para pensar, así que se van a su apartamento a hacer la siesta. Esto me recuerda a mi abuela materna. Antes de que muriera la ayudaba también a comer. La ponían en un sillón y estaba contenta.

Aquí vuelvo a encontrarme con Gertrude. Es una señora mayor. Tiene 88 años. La aprecio mucho. Tiene un hijo en Gabón y una hija, Betty, que trabaja conmigo en la clínica de comadrona. Betti también tiene una hijita, Léna. Gertrude siempre me habla como a una adulta. Me habla mucho de sus hijos. Cuando viene al Kiosko siempre me busca para tener noticias mías. También la han filmado con Stéphanie y conmigo. Era para el telediario de las 20 h. con Claire Chazal. Reconoció que nos veía, a Stéphanie y a mí, como a sus biznietos. Gertrude se las arregla bien. Tiene sus citas en la peluquería, en el dentista, hace sus compras... También está Monique, otra persona mayor. Monique no cuenta nada y no sé nada de ella. Soy yo quien le habla y ella se limita a escuchar.

Pascale y Phillippe son los vecinos de Célia, otra compañera con trisomía 21 a quien quiero mucho. Pascale salió en France 2 conmigo. A veces viene al Kiosko. Se ocupa a menudo de Célia. Me ha dicho que si tengo un problema grave puedo pasar a verla. Pero nunca lo he hecho. Ella se interesa mucho por la trisomía.

Amandine también tiene trisomía. Trabaja en el hogar Soleil, para jubilados. Cuida a personas mayores, les prepara las comidas, les hace reír. Una vez hasta bailó para ellas. Es simpática y hace cosas realmente divertidas. Pero cuando está de mal humor, los demás compañeros la ignoramos. Está muy en forma. Hace *cross* en Simencourt y en su casa hace karaoke, canta cosas de Lorie y Garou. Amandine se viste de cualquier manera. Se sube las medias hasta el ombligo. Va en manga corta cuando hace frío y manga larga cuando hace calor. Lo mezcla todo y se pone calcetines altos con shorts... para mí que tiene un problema con el clima.

Mario tiene igualmente trisomía 21 y además es diabético. Se hace un test antes de comer para verificar si no tiene demasiado azúcar en la sangre y una enfermera pasa a verle. No debe tomar cosas demasiado azucaradas. A mí me gustan mucho las cosas dulces, pero no quiero acabar como él. Mario tiene 23 años. Toca el piano y todas las mañanas cuando cruzo el pasillo para ir a trabajar lo oigo. Toca superbien. Eso me pone de buen humor. Va al logopeda como yo y a sus clases de piano en el conservatorio, él solo, en taxi-bicicleta. Está enamorado de Amandine. Es de carácter dulce, pero a veces un poco agresivo. El otro día estaba quitando los platos de la mesa y me arrancó el salero de la mano. Es un poco nervioso.

Cuando hacemos la Fiesta de la Música abajo, en el jardín colgante, Mario toca el piano. Yo toco la guitarra eléctrica, que enchufamos con un alargo en la sala de convivencia, y Robin toca la flauta. Mario se entrena también con la Sra. Sarrazin, otra señora mayor, de 90 años, que vive en la residencia. Ella le propuso ayudarle con el piano.

Christian es el encargado de mantenimiento de la residencia. Lo emplea la empresa Logista. Friega los suelos de la entrada, los pasillos... y lo arregla todo. Es a él a quien llamamos cuando hay un problema: una alarma de incendios que se dispara, una junta que falta en la puerta de entrada o un escape de agua en la ducha. Es amable y servicial. También viene a vernos al Kiosko. A veces pregunto por su hija, que hace fútbol.

También está Geneviève, una señora mayor a quien le gusta bajar a la guardería a contar cuentos a los niños. A veces nos hacemos visitas. Nos invitamos a aperitivos.

Al principio, en la residencia, siempre estábamos de fiesta. Pero francamente, hacíamos cualquier cosa. La gente corría en pijama por los pasillos a cualquier hora. Organizábamos veladas de pizza. Mario llamaba a la puerta de su vecina cuando quería gofres... Entonces lo comentamos con la Sra. Bisbrouck, mi antigua profesora de colegio. Ella es quien viene a animar los grupos de conversación de *Down Up*, con Gaëlle, nuestra educadora.

Nosotros a la Sra. Bisbrouck la llamamos sólo «Señora», pero los que no la conocen tanto la llaman «Élisabeth».

Ella creó el comité de inquilinos de *Down Up*. Con ella fue con quien decidimos que habría un responsable para cada piso. Yo me ocupo de todo el cuarto piso. Ahora soy presidenta del comité. Por eso escribí en mi ordenador un reglamento que presenté al comité. ¡Soy como mi padre, hay que avanzar!

En nuestra reunión de inquilinos fijamos las reglas: no correr por los pasillos, nada de visitas después de las 20.30 h., respetar a las auxiliares... Pero también podemos invitarnos y vernos más tarde, como el sábado por la noche. Después dijimos que más adelante cambiaríamos las reglas, cuando todo el mundo se hubiera calmado.

Cada día tengo actividades, citas, después de mi trabajo. El lunes, gimnasia suave, el martes el Kiosko a partir de las 15 h. hasta las 17 h. en la sala de convivencia. También voy el jueves por la tarde. El miércoles tengo mi clase de guitarra eléctrica. El jueves veo a mi logopeda y luego tengo mi grupo de palabra en la asociación *Down Up*. El viernes voy a fisio.

La señora Bisbrouck nos explica que el grupo de conversación no es para un ajuste de cuentas de la semana o asuntos privados. Sólo hay que hablar de cosas que afecten al grupo. En este momento hablamos de los derechos y deberes, de la responsabilidad, de la autodeterminación. A veces, la señora Bisbrouck llega con una pregunta: «¿Y si cada cual hiciera lo que quiere?» Entonces nosotros decimos todo lo que nos gustaría hacer. Pero la señora Bisbrouck quiere que hablemos más del grupo. Entonces, la semana siguiente, nos pregunta: «¿Y si cada cual hiciera cualquier cosa, de cualquier manera y en cualquier lugar?» Entonces nos reímos, porque también se podía decir lo que a uno se le ocurriera.

21. Puertas abiertas

No tengo que dejar a la gente en la puerta. Me lo explicó Gaëlle, nuestra educadora, porque eso hacía yo antes cuando recibía a gente en casa. Olvidaba decirles: «¡Entrad!» Y se quedaban fuera. Hasta mis padres esperan que les diga: «¡Entrad, enamorados!» Ahora pongo atención.

Cuando les ofrezco algo de beber a mis invitados también tengo que preguntarles qué quieren antes de servirles un zumo de naranja. A Gaëlle, por ejemplo, le gusta tomar un zumo de mandarina y a veces prefiere un té.

Hoy, precisamente, está lleno de gente. La hay por todas partes en los pasillos de la residencia. Yo les digo: «¡Podéis entrar!» Mi padre no se esperaba ver tanta gente esta mañana. Estamos a 8 de octubre de 2011, es el día de puertas abiertas de la Isla Bon Secours. Tengo que enseñar mi apartamento, como Amandine, Robin, Stéph y los otros inquilinos de *Down Up*.

Yo estoy bien instalada y todo está reluciente. Hace tres meses que me he mudado. Stéphanie ha hecho una presentación de arte floral con su madre en su apartamento. Robin, que comparte su apartamento con Pierre-Alexandre, ofrece pastelitos, una tarta *libouli* y brioche a la gente que pasa. Thibaut lo ha puesto todo del color de la bandera del Reino Unido, ¡desde los posavasos hasta la tapadera del WC! Él mismo ha hecho toda la decoración. Mario toca el piano en su apartamento y ofrece hojas de endivia con mayonesa de atún. Sus padres cultivan endivias. ¡Mi madre dice que no tienen nada que ver, por el gusto, con las de invernadero!

Me he puesto guapa. Me he vestido con el top azul pequeño que me gusta. El de mangas largas que me llegan hasta las manos. Tiene estilo. También llevo un pantalón pirata negro, un chaleco violeta, un collar y el pelo de colores.

Manu da un pequeño discurso en la sala de abajo para presentar la residencia. También habla del libro *Suplemento de alma*, que se ha publicado hace un mes. Hay un cocktail, croissants, charcutería... En el cuarto piso, enseño mi apartamento a todos lo que van pasando: gente de Arras que no conozco, otros que sí, y también conocidos como Lise-Marie de Reu, mi antigua profesora de informática, Fleur y su madre, mis primas, mi madrina Bernadette o los padres de mi padre...

Hago de guía. Les enseño mi cocina con mi despensa, la puerta escamoteable del horno, mi salón con la televisión, mis CD, mi Freebox, mi habitación-despacho... La gente me deja mensajes simpáticos en mi libro de honor, felicitaciones por mi apartamento. Escriben que es «encantador y colorido como tú» y me desean «felicidad por tu nueva vida».

Jean-Paul Delevoye también viene a visitar mi apartamento. Élise le sigue. Mientras firma en mi libro de honor, me pongo la gorra que me regaló con el nombre de la ciudad de la que es alcalde: «Ville de Bapaume». Esto le hace reír y yo le choco las manos como hacen los raperos. A él le hago una visita completa: mi cocina, mi horno, mi vista del jardín colgante... Hay periodistas siguiéndonos y tomando notas o fotos de Jean-Paul o de mi horno.

Hacia mediodía nos vamos a comer al Carnot. Yo monto en el coche de Jean-Paul Delevoye. Entonces me pregunta si puedo hablar de todos nosotros en su discurso, también de Valentin, mi hermanito muerto. A mí eso no me molesta. A veces también hablamos de él en casa cuando miramos nuestras fotos de bebé en la maternidad. Nos reunimos con mis padres, mi madrina Bernadette, Mathurin y un colega suyo, Florian. En la mesa, como Jean-Paul Delevoye se aburre un poco con mi madrina, charla durante toda la comida con el colega de Mat. Se entienden superbien.

La jornada continúa en el ayuntamiento, en la torre, en la sala de honor, para la entrega de la medalla de Manu. Es una sala espléndida tapizada con una tela inmensa con campesinos, comerciantes de la Edad Media que llevan cerdos, ocas... en las plazas de Arras.

Soy yo quien pronuncia el primer discurso. Sólo mi madre lo conoce porque le he pedido que me ayude a escribirlo en el Mac. Jean-Paul Delevoye me da la palabra y luego se acuerda de algo: «Ah, perdón, necesitamos una pequeña instalación». Y va en busca de un taburete para que se me vea un poco mejor detrás de los micros, porque soy bajita. Doy la bienvenida a todo el mundo, a los miembros de mi familia y «a mis amigas, que están delante». Luego empiezo a leer mi discurso:

«Papá, estoy orgullosa de ti. Tú siempre te empleas a fondo para hacer que todo se mueva por nosotros.

Todos los martes, después de comer, vas a la reunión de *Down Up*. No estás en casa, pero sé que lo haces por mí y que lo haces bien. Estoy orgullosa de ser la hija del presidente.

Papá, todo el mundo ve que trabajas a fondo por el colectivo de los *Los amigos de Éléonore*. Cuando hablas de la ley de bioética y de la no estigmatización de la trisomía 21, yo peleo a tu lado. Tú sabes que estoy orgullosa de ti.

Manu, te felicito por haber creado el proyecto de la Isla Bon Secours.

Yo nací en la antigua clínica Bon Secours, hice mis primeras prácticas en el servicio de la clínica y ahora tengo mi apartamento aquí.

La Isla Bon Secours es una superidea. Gracias a ti, tenemos bellas cocinas que elegimos en Danjou. Gracias a ti tenemos auxiliares, eso es súper.

También tenemos iPhones y iPads para vernos y para recibir ayuda.

El proyecto va bien. Esto es lo que me gusta de ti, que cuando haces algo, lo haces hasta el final.

Manu, te felicito también por el libro *Suplemento de alma* para cambiar la mirada de la gente. Esa medalla te la has ganado. Manu, me quito el sombrero ante ti».

Mi padre se emociona y creo que le gustó que hablara de las cocinas. Le hizo reír un poco. Les digo a mis padres: «¡A besarse, enamorados!»

Ahora es el turno de Jean-Paul Delevoye. Toma el micro y empieza un discurso muy bonito, muy largo, en el que cuenta la vida de toda la familia. Evoca a mi padre de joven, cuando ya trabajaba, a los 15 años su encuentro en el instituto con mamá. Creo que Manu estaba en primer curso, pero no estoy segura. Mi madre se enamoró de él. Ella quería ser profe de inglés y se fue un año, a los 18, a los EE.UU. Allí se enamoró de Bob Dylan. De esto Jean-Paul no habla, pero yo lo sé.

Luego se dirige a mis abuelos, que también están ahí. Ellos querían que mi padre fuera cura. Cualquier cosa. Mi padre quería estudiar Bellas Artes. En vez de eso hizo dos años en el seminario y un mes en el hospital psiquiátrico en el ejército. ¡Pobre papá, no debió de ser muy divertido! Y esto nunca me lo había dicho. Jean-Paul cuenta también que Manu vendía dibujos en tinta china delante del Monoprix de Arras, donde un día me gané un azote. Pero creo que yo aún no había nacido. Luego Jean-Paul habla de las Bellas Artes en Paris mientras mi madre trabaja haciendo tareas de limpieza y al mismo tiempo hace un postgrado de inglés... Luego habla de Mathurin, de Valentin, de mí, de mis problemas de salud...

Al final, yo le llevo la medalla en un pequeño cojín rojo y Jean-Paul, de pie frente a Manu, declara en voz muy alta: «En nombre del presidente de la República y en virtud de los poderes que nos han sido conferidos, os nombramos caballero de la Orden del Mérito». Nunca había visto a mi padre tan conmovido. Todo el mundo aplaude, todo el mundo se abraza y todo el mundo se va corriendo al buffet preparado por el instituto de hostelería de Saint-Charles. Se puede saborear charcutería, *Potjevleesch*, maroilles, corazón de Arras, mimolette, atún de Cambrai, tartas *al'suc*, y para beber Page 24 y limonada.

Al mes siguiente aparezco en otros varios reportajes, en France 3 Pas-de-Calais, en *13 heures* de Laurent Delahousse de France 2... Y también voy a la radio, a *Vivre FM*, con mi padre. Es Christophe Bougnot quien nos entrevista. Es tranquilo, *cool*. Me habla con normalidad. Me plantea preguntas que otros no me hacen. Me pregunta por mis lecturas, mi futuro, los clichés sobre las personas afectadas por el síndrome, que son vistas como niños... Le respondo que «yo ya me siento adulta». Le hablo de mi trisomía, «que es visible, es verdad», «de las burlas, del maltrato», que «no son buenos recuerdos». Le cuento mi idea del *Téléthon* para la trisomía... porque eso es muy importante para mí.

22. Célia

Célia es una de las primeras residentes de la Isla Bon Secours. También es una amiga. La conozco desde el Jura. Allí es donde estuvimos, en Bois-d'Amont, con la asociación Geist 62. Esto era en febrero de 1996. Yo todavía estaba en CE2. Ahí fue también donde aprendí a esquiar con Fleur y Stéphanie. Por eso Célia siempre repite que soy su «amiga de infancia». ¿Sólo sabe decir eso, o qué? ¡Francamente, a veces me irrita!

Célia se instaló con Laurence en la residencia en mayo de 2011. De cada diez apartamentos reservados para personas portadoras de trisomía 21, estaba previsto que dos fueran compartidos. Esto era para facilitarles la vida a los más jóvenes, como Robin y Laurence. En todo caso, es lo que todo el mundo pensaba. No fue tan simple... Mi padre dice que «fue un poco un fracaso». ¡De hecho, fue una catástrofe!

Era necesario que las personas se entendieran entre ellas, pero también sus familias. Gilles-Emmanuel tenía que vivir con Célia, pero como no pegaban el uno con el otro, Laurence lo sustituyó y le dejó su apartamento. Así Célia y Laurence se instalaron juntos. Un poco más tarde, Robin y Pierre-Alexandre se instalaron en el segundo apartamento previsto para dos y ya no dejaron de pelearse. Robin acabó otra vez solo. Pierre-Alexandre hacía muchas prácticas fuera, lejos de Arras. Y cuando suspendió su CAP, su madre, que dirigía un establecimiento especializado, prefirió que se mudara allí. Quizás encontraba que la residencia no era lo bastante buena para su hijo.

A mí me parece bien que Robin viva solo. Además puedo ir a verlo a su apartamento tranquilamente.

Célia tiene 29 años cuando llega a Isla Bon Secours. Trabajaba en un ESAT (establecimiento y servicio de ayuda para el trabajo) y vivía en un apartamento fuera de Arras, ella sola. Entre su trabajo y su apartamento, veía a poca gente. Por eso se sentía feliz de estar con Laurence. Laurence es más joven: tiene ocho años menos. Las dos chicas se entendieron superbien. Se enamoraron la una de la otra y fue entonces cuando empezaron sus tonterías...

A veces se enfadaban con sus familias. Tampoco les gustaba demasiado separarse durante el fin de semana. Entonces decidieron irse, las dos solas. Esto era en diciembre de 2011, el mismo mes en que vi al primer ministro, François Fillon, para hablar del colectivo y pedir fondos para la investigación, además de proponer que la trisomía 21 fuera elegida como gran causa nacional. De todos modos no sirvió de nada. En fin, que Laurence y Célia habían decidido irse. Mi padre encuentra que esta historia es una «fantástica lección de autonomía». De todas formas se volvió loco como todos los demás cuando supo de la fuga. Fue por teléfono. Estaba conmigo y con mi madre en el concierto de mi profe de guitarra. Los padres de Laurence y de Célia no habían encontrado aún a sus hijas y se imaginaban lo peor.

Cundió el pánico. Por la noche, mis padres y los padres de las chicas buscaron por todo Arras. El padre de Laurence fue a la policía a declarar la desaparición de su hija, pero como estaba bastante borracho, los policías le hicieron soplar y le confiscaron el carnet de conducir, directamente.

Célia y Laurence había retirado dinero en el cajero automático y se habían ido a cenar en plan enamoradas a una pizzería. También, para pasar la noche, habían reservado un hotelito de dos estrellas cerca del campanario, en la place des Héros de Arras: el hotel Diamant. Habían tenido el cuidado de apagar sus teléfonos para quedar sin contacto con la red. Al día siguiente se fueron de compras, mañana y tarde, tan tranquilas.

Finalmente una de las dos usó su teléfono y así es como las encontraron, un día después de su desaparición. Los padres no estaban nada contentos. Mi padre estaba enfurecido, pero buscó una solución en la residencia y propuso otros apartamentos. Pero los padres de Laurence se negaron. No querían ni oír hablar del asunto. Prefirieron que su hija volviera con ellos tres o cuatro meses. Casi la encerraron y le encontraron otro apartamento, cerca de Bon Secours.

Es muy triste esta historia. Las chicas fueron castigadas y sus padres ya no se han vuelto a hablar. De todas formas, el padre de Célia es psiquiatra en La Réunion y el de Laurence bebe mucho y se separó de su mujer. Las chicas todavía se quieren, pero ya no se ven.

Yo sigo frecuentando a Célia en la residencia. Ahora trabaja en la Finarde, la quesería de la ciudadela. Somos íntimas. Confía mucho en mí, le cuesta digerir el divorcio de sus padres. Le he explicado que ella se había dejado manipular por Laurence, que la consideraba como un objeto.

Mi padre dice que Célia no es una chica para mí. Cuando les hablo de ella a mis padres, se ponen nerviosos. Me creen demasiado influenciable.

Hace poco pasé la noche con Célia y nos besamos en la boca. Al día siguiente, mi padre me preguntó por qué estaba tan cansada. Me había acostado a las tres de la madrugada. Se lo conté. Mi padre no se puso contento. Ahora sólo veo a Célia en el exterior. Es una regla que yo he fijado. También se lo he dicho a su madre.

Célia está enamorada de mí y creo que se monta películas. Tiene una fijación conmigo. Yo no estoy enamorada de ella. Es una amiga, pero a veces no la soporto más y tengo que cortar. Mantengo mis distancias. Pero me gusta cómo me mira, cómo me habla. He soñado que volvíamos a besarnos.

Una vez mi padre estaba filmando en las Jornadas de la ciencia, en París, para la Fundacion Jérôme Lejeune. Esto era hace unos años. Le dije delante de la cámara que yo era lesbiana: «Eso de los hombres no es para mí. Me gustan las mujeres, ellas son lo que me interesa». Pero hablo más de esto con mi madre. Ella cree que por eso me encanta Beth Ditto, la cantante de Gossip, que también es lesbiana, y fuerte como Célia. Es un poco mi modelo.

Cuando escucho la canción de Soan, *Inch alleluia*, pienso en Célia. Tengo ganas de dedicársela. Sus palabras me llegan. Así es como yo veo a Célia.

«Inch aleluya debajo de las uñas
Y si quieres algo de mí
Tócame,
¡confundámonos!
Hello m'alikoum, ¡ay hermanita!
Te lluevo de memoria».

23. Todos al hockey contra la trisomía 21

Mathurin tiene una superidea: con su club de hockey de Lille participa regularmente en torneos en apoyo de los afectados por fibrosis quística. Y entonces pensó: «¿Por qué no para la trisomía?» Es un poco lo que yo quería hacer con el *Téléthon*. Entonces, con todos sus compañeros, mi hermano decide organizar un encuentro en Sainte-Catherine-lès-Arras a principios de enero de 2012. Todo el dinero irá a *Down Up*.

Mat es como mi padre, todo lo quiere hacer. Es entrenador, árbitro, responsable de equipo en su club, en la Nacional 4, miembro de la dirección del club, tesorero del comité regional de *roller hockey*.

Mat consigue la autorización para el lugar. Una gran sala cubierta, creada gracias a él por el ayuntamiento, cuando estudiaba cuarto curso. Hizo firmar una petición a cientos de personas para tener un *skatepark* cubierto. Dejaba formularios de petición en todas las tiendas de deporte con sus compañeros de roller. En aquella época hacía mucho *roller* y también exhibiciones. Incluso era esponsorizado por Intersport. Fue a ver al director de gabinete del alcalde de Arras, Frédéric Leturque, y consiguió la sala. Y luego se fue a Australia.

He venido con todos mis compañeros para apoyar a mi hermano y al equipo de Lille. Amandine, Mario, Fleur... Casi todos están ahí. Todos bien abrigados, porque hace un frío que pela. Hasta Amandine, que siempre confunde el verano con el invierno, lleva su gran anorak rojo con un chal. No se lo quita ni para comerse su plato de pasta.

Para entrar en calor, gritamos: «¡Vamos Mathurin!», «¡Vamos Mat!» Al final hasta grito: «¡Vamos Lille!» El equipo de Arras que se aguante. Seguimos la puntuación en el gran tablero electrónico. Gana Lille.

Down Up ha hecho pasta a la carbonara y a la boloñesa y ha alquilado un barril de cerveza. Mis padres se ocupan un poco de la bebida. Yo miro todos los partidos. Pero sobre todo miro a mi hermano, con su casco... Es impresionante. También está su amigo Xavier. Él fue quien ayudó a Mathurin cuando tuvo su caída de *skate* y se abrió la mejilla. Le pusieron ocho puntos de sutura en la cara después de saltar un bloque de siete escalones. A mí eso no me gustó nada, pero Mat sigue saltando por todas partes.

Mi hermano está mojado de sudor cuando se quita el casco, las coderas, las rodilleras... pero ha ganado: la jornada aporta más de mil euros a la asociación y yo estoy orgullosa de mi hermano mayor.

24. La invitada de la semana

Ahora, con mi papel de portavoz del colectivo, el mes de marzo siempre estará cargado de cosas. El 21 de marzo es la jornada mundial de la trisomía 21. Se eligió esta fecha porque es el tercer mes, por el tercer cromosoma que tengo de más en el par 21. Como los periodistas se preparan algunos días antes, tengo que prever algunas ausencias en mi trabajo y también compensarlas...

Hasta cuando sólo me ausento unas horas tengo que recuperarlas. Por ejemplo, termino más tarde. A veces también me tomo días libres. Como cuando paso mis exámenes de salud, por mi corazón, o voy a que me saquen sangre, o para el tratamiento de mi tiroides, las escintigrafías... Cada vez que creen que puedo tener un nuevo problema, una trombosis, una embolia pulmonar o alguna otra cosa, me hacen nuevos exámenes. El otro día me hicieron pruebas de esfuerzo en la cinta de correr. Diez minutos de marcha rápida: casi me desmayo. Y siempre esas extracciones de sangre.... Cinco tubos la última vez. ¡Una extracción de caballo!

El 16 de marzo intervengo con mi padre en el CESE (Consejo económico, social y ambiental), en el palacio de Iéna. Ahora estoy acostumbrada a tomar la palabra en público. El colectivo *Los amigos de Éléonore* reúne hoy día a unas treinta asociaciones y tres mil personas. El presidente del CESE es Jean-Paul Delevoye. También apadrina el coloquio. Me pide que lo presida junto a él. Hay mucha gente, es impresionante.

Robin está ahí soplando un diente de león... justo a la entrada, en el hall, en medio de otras ochenta fotos del libro *Suplemento de alma*. También se me ve a mí ante la Asamblea Nacional y a Stéph en su casa. Todos en grandes paneles. Son las mismas fotos que habían puesto en la Isla Bon Secours para las jornadas de puertas abiertas y en la torre del ayuntamiento, cuando entregaron la medalla a Manu.

Mi padre quiere que tomen la palabra más personas con trisomía y que se les escuche. En el CESE, habla de la vida en «medio ordinario». Tiene razón. Yo cuento que «tengo compañeros que están en medio cerrado y no es bueno para ellos!» Se sienten muy mal. No me gustaría estar en su pellejo. Luego hablo de las necesidades de la investigación.

La página web *handicap.fr* publica un artículo algunos días más tarde sobre esta jornada. Habla de mí: «Está presente aquel día, con un aplomo increíble en la tribuna, interpelando a unos y a otros, conmoviendo a la asamblea hasta hacerles saltar las lágrimas. La sinceridad de su discurso, sus carcajadas, o sus lágrimas valen por sí mismas más que todos los discursos juntos». Sí, es cierto, no siempre controlo todas mis emociones... El artículo también cita a la madre de una niña con varias disminuciones que está harta de currar de día, no dormir de noche, tener que ser un superhéroe todo el año porque no hay acompañamiento. También cita a mi padre: «No es Éléonore la disminuida, sino la sociedad que ha creado un entorno limitador». «Lo esencial no es el respeto de la norma, sino la cultura de la felicidad». Siempre apoyo todo lo que dice mi padre. Él es mi superhéroe.

El 17 y el 18 de marzo, el equipo de TF1 viene a verme otra vez para el programa *¿Qué es el amor?* Ese día puedo anunciarles: «Bienvenidos a mi apartamento!» Lo habían visto en obras, ahora pueden verlo terminado. Laurence, mi asistenta, acepta que la filmen. Hacemos un tarta con confitura. Es una receta supersimple. Con la Sra. Bisbrouck, en el colegio, siempre hacíamos recetas. Pero ella tenía que explicárnoslo todo, porque si sólo nos decía «añadid los huevos enteros», algunos olvidaban romper la cáscara y los ponían «enteros», directo a la harina. Por eso hay que ser obsesivo. Yo en el trabajo siempre soy obsesiva, minuciosa.

Laurence cuenta en TF1 que soy «ordenada» y que poco a poco me voy liberando de mis fobias: «Lavar los platos, tener las manos sucias, son cosas que le costaba mucho soportar, pero ahora lo hace». Es cierto, lo detesto, por eso no me gustaban mucho mis prácticas en el hogar de jubilados, no por las personas mayores. Laurence dice que soy «muy autónoma» y que lo soy «cada vez más».

La periodista también quiere tener la opinión de mis padres sobre mi nueva autonomía. Entonces volvemos a la calle de Douai. En el sofá, delante de la cámara, mi madre habla más bien de su autonomía, la suya: «Por la mañana, oírte reír, tu buen humor... Todo eso lo echamos de menos, es verdad, sí». La periodista me pregunta:

«Y tú, Éléonore, ¿añoras a tus padres?
—Un poco menos».

Luego el equipo nos filma en los almacenes Leclerc. Hago las compras con mis padres, cada uno por su lado. Sólo llamo a mi padre cuando me hago un lío con el scanner de las compras. TF1 me sigue también hasta la librería Chapitre d'Arras, en la calle Gambetta. Robin y yo les dedicamos el libro *Suplemento de alma*. Robin sigue hablando de las miradas de la gente, que le duelen. Yo le digo que no les haga caso. Dirigiéndose a la cámara, dice: «Sí, escucho los consejos de mi amiga, pero no consigo ignorar a los demás». Yo digo que «las reflexiones de la gente ¡me importan un bledo!»

El reportaje termina en mi casa. He cocinado salmón para mis padres. Papá dice que quiere tener previsto mi futuro sin él y sin mamá, que si el día de mañana ellos desaparecen... No me gusta cuando habla así. Les anuncio que mi próxima etapa será «el PACS[17] con mi querido y entonces haré una gran fiesta. Tenemos que prever una fecha».

Dos días más tarde voy a París para grabar la emisión *La revista de la salud*. Es el 20 de marzo de 2012, víspera del día mundial de la trisomía 21. Voy con mi madre al estudio de Producciones del 17 de junio – Atlantis. Mi padre no puede acompañarnos, está currando. Soy la «invitada del día» de Michel Cymes y de Marina Carrère d'Encausse. Un momento antes, mi madre me prepara: «Todo irá bien, relájate, mira bien a tu interlocutor». Siempre dice las mismas palabras, pero eso me hace sentir bien. Marina también me dice que todo irá bien.

Marina: «Mañana será el día mundial de la trisomía. Su objetivo: cambiar la mirada de los demás. Éléonore, de 26 años, estará con nosotros, precisamente para hablarnos de esa mirada que a menudo la ha herido, pero también de ella, de su trabajo y de su vida». Estoy ya instalada en mi sillón junto a una estantería con enormes tarros llenos de cápsulas que parecen caramelos. La verdad es que no estoy estresada. Aquello es como una sala de estar,

---

17. N. de T.: *Pacte Civil de Solidarité.* Fórmula legal equivalente en Francia a la pareja de hecho.

muy colorida, como en mi casa: rosa, azul... Marina presenta la jornada de la trisomía y la campaña *Tengo síndrome de Down, ¿y?* lanzada por un colectivo de padres y de asociaciones. «En esta ocasión está con nosotros... Éléonore Laloux.» ¡Me toca a mí!

«Hola Éléonore

—Hola Marina.

—Tienes 26 años, trabajas desde hace seis años en una clínica. ¿Qué clase de trabajo haces en esa clínica?

—Hago la clasificación alfabética, plegado de cartas, pongo las etiquetas de envío. Hago fotocopias y envío fax».

Michel Cymes: «¿Y cómo te llevas con tus compañeros de trabajo?

—Al principio era duro. Porque yo hablaba sola. Poco a poco me miran de otra forma...»

Marina Carrère d'Encausse: «Así que ahora todo va bien. Hay otra cosa que ha cambiado en tu vida, y es que vives en tu propio apartamento. ¿Fuiste tú quien quiso dejar a tus padres? ¡Por qué te fuiste?

—De hecho quería ser un poco como mi hermano y que mis padres me dejaran un poco tranquila.

—Sí, eso es... Creo que a tu mamá no le gusta mucho... Entonces encontrasteis un apartamento en una residencia muy especial... ¿Qué es eso?

—Te lo cuento por encima... antes de ser la Isla Bon Secours aquello era una clínica. Allí fue donde empecé mis prácticas. Luego mi padre y los arquitectos crearon la Isla Bon Secours. En total son setenta y cinco apartamentos».

Michel Cymes: «¿Y tú tienes alguna ayuda en esos apartamentos? Eres completamente autónoma... ¿hay gente que va a ayudaros?

—Soy autónoma y hay auxiliares que vienen cuatro veces al día».

¡Ahí sí que metí la pata! No sé por qué dije «cuatro veces al día». Van una hora cuatro veces por semana y con eso basta y sobra. Son útiles, porque hay cosas que no sé hacer: limpiar cristales, que son demasiado altos para mí, abrir una lata de conservas, porque tengo miedo de cortarme. Todo lo demás puedo hacerlo sola.

Marina Carrère d'Encausse: «¿Y a qué te ayudan?»

—A prepararme la ropa en función del tiempo que hace, a hacer la comida y también limpieza.

—¿Y qué haces el fin de semana, como todo el mundo? ¿Te ves con amigos?

—El *week end* tengo muchas actividades. Voy a clase de gimnasia con mi madre, tomo clases de guitarra, toco la guitarra eléctrica desde hace mucho. Tengo visitas con mi ortofonista, fisioterapeuta, etc.»

Michel Cymes: «Cuando se tiene una trisomía 21 uno sabe que es un poco distinto de los demás... Tú estás demostrando hoy día que se puede llevar una vida muy rica y feliz, pero de todas formas está la mirada de los demás que a veces es algo insistente, no muy agradable. Hoy día, cuando te paseas por la calle, cuando sales, ¿sientes que la gente te mira un poco raro, o en absoluto?

—Desde que se creó, con mis padres, el colectivo *Los amigos de Éléonore*, las miradas empiezan a cambiar y eso es positivo».

Marina Carrère d'Encausse: «Entonces, *Los amigos de Éléonore* dio lugar a un libro que se llama *Suplemento de alma*, donde hay retratos de diversas personas con síndrome de Down. Es muy bonito, es muy interesante de leer […] Una última pregunta, voy a ser algo indiscreta: ¿Tienes novio?

—Sí, tengo uno. Tengo un compañero y hace un año que estamos juntos.

Michel Cymes: «Se llama Benjamin... ¡Desvelo el secreto! Y trabaja en la misma clínica que tú.

—Eso es. Pero no está en el mismo servicio. Está en el de farmacia. Hace mantenimiento. De hecho distribuye medicamentos a todos los servicios».

Marina Carrère d'Encausse: «Éléonore, hoy día, si valoras tu vida en conjunto: ¿eres feliz?

—Sí, soy feliz, porque tengo el amor de mis padres, de toda mi familia, de mis compañeros de trabajo, también de mi novio...»

Michel Cymes: «¡Eso es toda la felicidad, entonces! Lo que todo el mundo desea. Gracias, Éléonore.»

Eso no le va a gustar al padre de Benjamin, que digan el nombre de su hijo. Es la última vez que hablo de él en una entrevista. Benjamin y yo tuvimos que romper por su padre. Era demasiado complicado. Lloré mucho. Pero todavía lo veo todos los días, todos los mediodías, en el comedor de mi trabajo.

Mis compañeros me dicen que eso me hace daño, que no debería verle demasiado. Me parece que Benjamín se quedará solo porque su padre quiere que sea desgraciado como él. Pero a veces Benjamin reacciona. Fue a poner una denuncia a la policía. Me gustaría mucho ayudarle.

Como cada año desde 2001, me encuentro con los actores de *Historias y sueños de Artois*. Es un espectáculo de luz y sonido, en las afueras de Arras, que narra la historia de la región. Tres semanas entre ensayos y espectáculos. Siempre llego con una carta para Isabelle, mi jefa de equipo. Le doy las gracias y le digo que me siento feliz de estar allí. Con este espectáculo, uno atraviesa todas las épocas, desde la prehistoria.

Me encanta ponerme mi bonito vestido de color rosa y mi gran sombrero de la Belle Époque, o desfilar muy cerca del público, en una carreta tirada por caballos, vestida de campesina. Isabelle sólo evita hacerme hacer cosas demasiado peligrosas: llevar un antorcha en la escena del fuego, correr con un rastrillo demasiado pesado en la escena de Napoleon III. Tampoco puedo actuar en la escena de las monjas: hace falta ponerse en un sitio muy exacto en la oscuridad... Una vez hasta me perdí una escena. Con mi bonito vestido de color rosa me caí en el barro. No tuve tiempo de cambiarme para la escena siguiente. ¡Una catástrofe! Por eso siempre trato de ir más deprisa. Sé que soy un poco más lenta, pero quiero hacerlo todo perfectamente, cada año.

Hace tres años, en el parque de Immercourt de Saint-Laurent-Blangy, acabé en urgencias. Me torcí el pie bajando de la carreta.

En octubre rodamos la segunda campaña de publicidad de Apreva, la mutua: «¡Cuando la salud va bien, todo va bien!» Éste era el primer eslogan. Mi padre me hace de apuntador para mi segunda intervención. Lo repito dos o tres veces con él para hacerlo perfecto, articulando bien: «... Me hablan claro y eso me gusta. Para mí, un experto en salud es esto...» No sé por qué elegí esas gafas viejas. La última vez rodaron el anuncio en mi casa. Me hice un peinado con los pelos de punta. Tenía ganas. Queda raro cuando te encuentras con gente por la calle, como el otro día en la estación de Arras. A veces me encuentro sentada a mi lado en las paradas de autobús. También veo grandes carteles con mi cara en el jardín Minelle y algunas personas me reconocen. En la calle también hay gente que me reconoce porque me ha visto en la tele.

Acaban de operar a mi madre de un menisco. Es el 8 de noviembre de 2012, hay el concierto de Gossip y no quiere perdérselo de ninguna manera. Yo voy de todas formas. Por la noche la enfermera autoriza a mi madre a que vaya, aunque igualmente hubiera ido. Lleva una pierna entablillada y anda con muletas. No puede ni doblar la pierna. Los de la Cruz Roja la ayudan a ponerse en el espacio para minusválidos y a sentarse con una silla delante de todo para estirar la pierna. Estamos bien situadas y tengo sitio para bailar. El grupo interpreta su nuevo álbum, *A Joyful Noise,* y otro viejo, *Music For Men.* ¡Es genial! Adoro las canciones *Perfect World, Into the Wild* y, por supuesto, *Heavy Cross.*

Beth Ditto tiene mucha marcha y siempre sonríe. Es el rock como a mí me gusta. Grita y corre por todo el escenario. Es guapa. Yo bailo, canto, me río a carcajadas. Al final del concierto, Beth Ditto se pone una T-shirt con la imagen de Barack Obama y nos presenta a una de sus amigas francesas. Ya está, ya la he visto en carne y hueso. ¡Y la verdad es que no me ha decepcionado!

El 2 de diciembre voy al *Siete a ocho* de TF1, presentado por Harry Roselmack. Me siguen por todas partes, hasta casa de mis padres, diciendo adiós a «mi regalo envenenado», con mi padre en mi apartamento revisando los productos caducados de mi nevera, o viendo mi serie *Zorro.* Luego sale Thibaut yendo a la panadería, Amandine en plan protagonista yendo a su trabajo en la residencia Soleil, Robin haciendo prácticas en un teatro y hablando de Molière. Y luego yo otra vez haciendo la loca oyendo a Gossip, en mi habitación después del trabajo. ¡Súper reportaje!

El día 6, en el palacio Rameau, en Lille, soy elegida Gigante 2012 en la categoría «sociedad civil», un premio que da el diario *La Voix du Nord* en recompensa a los *nordistes* del año. Éramos dos de Arras compitiendo por el trofeo *Gigante* con Jules Laude, el alcalde de Bullecourt. Este mes el diario me dedica dos retratos. Y aparezco en la cadena regional Wéo. Invito a mis padres a mi casa a un aperitivo para festejarlo.

25. «Choi chico del Nochte»

Cada vez veo a Robin más a menudo. No separamos, pero volvimos a estar juntos. Robin y yo nos conocemos desde muy pequeñitos. «Yo choy d'aquí, choy chico del Nochte»[18] («Yo soy de aquí, son un chico del Norte»), así es como lo dice Robin. Le gusta mucho hablar con «ch», con el acento del Norte. Me enseña cosas que escribe con su madre: «Nachí n'el hopichal Beuvry. Cheguro, no nachi en mi cacha. Pero mi abuelo era chefe'n la mina. Chefacho pochfa. Trabachaba con su chachco y su lámpacha, ¡echo le guchtaba! (Nací en el hospital de Beuvry. Seguro, no nací en mi casa. Pero mi abuelo era jefe en la mina. Jefazo, por favor. Trabajaba con su casco y su lámpara, ¡eso le gustaba!»). Cuando le dije la otra noche, en mi casa: «¡Me encanta cuando hablas así!», él me contestó: «Puech, chu me guchstas cha mi» («Pues tú me gustas a mí») y me dio un beso en el cuello.

Ahora empieza a despegarse de su madre. Dice que tiene que «saltarse los límites». Le ha dicho que tiene «una vida privada» y «una novieta»: ¡yo! Eso me gusta. Me gustaría que cortara las amarras con su madre para vivir conmigo. Por la noches hacemos cosas íntimas que no puedo contar demasiado, pero por el momento está complicado que se instale conmigo.

Me ha dicho que quería portarse como un hombre. También quiere dejar del todo el teatro para consagrarse a mí. No me parece una buen idea. Su madre está de acuerdo conmigo. Pero ya lo

---

18. N. de T.: Exageración de una forma de hablar local de la región.

ha dejado. También escribe poesía. Hace un montón de cosas, pero cambia constantemente de actividad. Quiere estudiar violín como su hermana, estudia lenguaje de signos como su hermano y también inglés. Después de ver la película *Las coristas* quería cantar. Me parece que no sabe muy bien qué quiere.

También estudia un poco de español. Quizás por su familia, que son muy viajeros. Sus dos hermanos mayores se pasaron dos años en un velero bretón cuando eran niños. Se fueron al Caribe. Luego vivieron en Canadá, en Nueva-Zelanda... Su hermana se instaló en Venezuela... El otro día hice un aperitivo en casa. También le envié un SMS a Stéphanie. Compré salchichón y tomates cherry, luego un cake de jamón, olivas y pistachos. Stéphanie trajo bombones y Robin llegó, un poco más tarde, con un DVD de *La Fée Clochette*. Se había puesto aquel t-shirt kaki y rojo tan bonito. En cuanto llegó dijo que quería ver la película solo conmigo. Le expliqué que no era muy correcto hacerle eso a Stéphanie. Entonces discutimos. Quería besarme y no dejaba de decirme palabras de amor. Yo le llamo «querido».

A veces Robin me regala una flor. También me ha regalado un collar con tres corazones: amor, alegría y paz. Robin quiere empezar desde cero conmigo. Le gusta que veamos películas y series juntos, en el sofá, como *El instituto* o *Familia de acogida*. A veces miramos la televisión y nos hacemos carantoñas. Con Stéph también nos hacemos carantoñas, pero son carantoñas de amistad, como besitos por todas partes, en la boca... pero no vamos muy lejos. Con Robin son carantoñas de amor. Le gusta hacerme pedorretas en la barriga con la boca. Nos gusta hacer el loco juntos.

Con él me siento libre de mi cuerpo. Puedo mostrarme desnuda, no escondo mi cicatriz. Con mis padres tampoco, pero mis padres sólo ven un pedazo, encima o debajo del sujetador. A Robin le digo que si quiere puede tocar. Me quiere tal como soy. A Stéphanie no me atrevo a enseñársela.

El otro día cociné una receta de pasta al salmón que Robin me había pasado. Francamente, ¡nos dimos un festín! Él sabe hacer fajitas. Me gusta su estilo tranquilo, *cool*, simpático. Y también sus ojos y su boca. Me dice que soy «guapa, coqueta, simpática, fácil de entender». Me conoce bien.

Robin me confía que le gustaría tener una amiga como Célia. Pensé que como yo soy amiga de Célia, él también puede ser su amigo, así podemos estar los tres juntos. Esto es lo que yo busco, un amigo o una amiga que me quiera de verdad y tenga un trabajo estable. Esto es lo que espero: amor, trabajo y alguien que sepa lavar bien los platos. ¡Un *gentelman* o una *superwoman!* A Robin le gusta planchar.

Me acompaña al gym y seguimos mirando *Familia de acogida* en France 3. A Robin le gustaría que me mudara a vivir con él. A mí también me gustaría, pero no quiero mandar a paseo mi apartamento. Tener dos casas no es lógico. También me habla de tener un hijo. Mi padre dice que eso son tonterías porque es mucha responsabilidad. Hay que levantarse por la noche, cambiarlo... Estoy de acuerdo con mi padre. Me gustaría ser mamá, pero no quiero quedarme embarazada. No es bueno para mi corazón. Así que podríamos adoptar. Eso me gustaría.

Tomo la píldora desde que me salieron granos y para no tener hijos. Pero no busco demasiado tener relaciones sexuales, me hace daño. Con Robin lo hacemos de otra manera.

26. El *Grand Journal*

Ahora mi hermano tiene treinta y un años y vive con Anne-Claire. Ella es simpática, un poco bretona y un poco vietnamita. En su casa comen muchas veces con palillos. De vez cuando pasa el fin de semana con Mat en casa de mis padres. Él y yo colaboramos en *Fémina*, una revista femenina, con un artículo sobre los hermanos. Mathurin habla de nuestra complicidad. Cuenta que le sabe mal no haber estado allí cuando se burlaban de mí en la escuela. Habla de los SMS que le mando a «mi adorado hermano». A veces le hago una carantoña y le digo: «Te quiero». Y le doy un beso. Él me responde: «¡Mi hermanita es súper!» y dice que también me quiere. Quiero que mi hermano sea feliz. Como yo con Robin.

En todo caso Robin empezó mal el año. Se ha vuelto a estrellar. Esta vez con el *snowboard*. «Rodete glenoidiano desplazado, ruptura del tendón del bíceps». ¿Glenoidiano? Mi diccionario *Robert Collège* no sabe qué es. Mat va a ver a tres cirujanos uno tras otro. No saben qué hacer con él. Pero lo operan de todos modos. Gracias a su pequeña cámara, su GoPro, Mat pudo filmar toda su caída y ahora se puede ver en Vimeo. En las imágenes se le ve dando saltos y se diría que le hace gracia eso de caerse, como de pequeño cuando le ponían inyecciones.

El 21 de marzo de 2013 estoy en la calle Cevennes, en París XV. Espero en un camerino con dos sofás, una mesa baja con bebidas, pastelitos, flores y una pantalla pequeña donde se ve la emisión en directo. Ahí al lado están los camerinos de Nikos, de los candida-tos de *The voice*, de Jean-Michel Apathie, de Valérie Trierweiler. Es con ella con quien voy a salir en el *Grand Journal* de Canal Plus, que apadrina la X Jornada Mundial de la Trisomía 21.

Se puede seguir el programa desde cualquier sitio, hasta desde las salas de maquillaje. Todo el mundo viene a saludarnos, a mis pa-dres y a mí, a conversar, a hacernos preguntas, a contarnos cómo va a ir todo. Michel Denisot se interesó por mí porque tiene un familiar con una trisomía 21 que trabaja en un ESAT. Augustin me saluda con dos besos. Mira el libro *Suplemento de alma*. Dice que es un bello libro y que hablará de él durante la emisión. Daphné Bürki también viene a darme un beso y se arremanga para ense-ñarme sus tatuajes.

De pie en el vestíbulo, mientras miramos una gran pantalla de televisión, Nikos viene a saludarnos. Nikos es el griego que anima *The Voice*. Es guapo, pero prefiero a Karine Ferri. Le digo: «¡Ah Nikos! Tú presentas *The Voice* ahora, pero yo sigo y conozco a la otra presentadora, Karine Ferri, que presenta *The Voice. La Suite.*

—¡Ah sí! ¿Te gusta Karine?
—Mucho.»

Me gusta mucho y además era la compañera de Gregory Lemar-chal, que murió. Entonces Nikos me pregunta si quiero hablar con ella. Me toma de la mano y me lleva directamente al camerin-no con los candidatos de *The Voice*. Le pregunto a Karine Ferri: «¿Tú eres la mujer de Grégory Lemarchal?» Ella me responde: «Sí». Me quedé un cuarto de hora en el camerino y estuve hablan-do con los candidatos.

Mi madre me avisa para que esté atenta cuando empecemos, porque me van a filmar mucho: «No hagas demasiados gestos», nada de abrir la boca o mirar en todas las direcciones, como me ocurre cuando estoy un poco estresada. En la sala de maquillaje he hecho que me peinen con los pelos de punta. Valérie Trierweiler ha venido a hablar conmigo. Es guapa y lleva tacones altos. No sé cómo hace para andar.

Michel Denisot empieza: «Emisión especial con ocasión de la jornada mundial de la trisomía 21 y, como prometimos, dos invitadas: una que vive la trisomía cotidianamente, otra que ha hecho de ella un combate. He aquí a Éléonore Laloux y a Valérie Trierweiler». Entramos las dos en el plató del *Grand Journal*. Valérie Trierweiler está como un flan, más que yo, y con esos tacones tiene miedo de caerse por la escalera, así que le doy la mano. Cuando se abre la puerta grande, me quedo impresionada. El plató es inmenso y todo el mundo aplaude. Michel Denisot viene a darnos la mano. Luego nos sentamos y Valérie Trierweiler habla de su compromiso, de su vecinita Françoise, que iba a su casa cuando ella era niña y que tenía una trisomía, luego de los jóvenes con trisomía que acogió en las cocinas del Elíseo...

Michel Denisot (MD): «¿Cómo transcurre su vida, Élénonore. ¿Trabaja usted?
—Sí, trabajo en un hospital privado en Arras. Me llevo bien con mis colegas de trabajo. Son amables conmigo.»

Siempre me hacen las mismas preguntas, así que siempre respondo más o menos igual. Ya hace ocho años que trabajo en la clínica Les Bonnettes. Stéphanie firmará su primer contrato CDI el 1 de febrero de 2014.

MD: «¿Cómo es su vida cotidiana?

—Tengo una auxiliar que viene una vez por semana para ayudarme a arreglar mi apartamento, para la ropa y también para la comida y...

—¿Es usted autónoma?

—Soy independiente».

Dahpné Bürki (DB): Y en el trabajo, ¿es lo mismo? ¿Qué hace usted en el trabajo?

—Me ocupo del *mailing*, del plegado, clasificación alfabética. Envío fax, hago fotocopias».

MD: «¿Tiene usted novio?»

DB: «Pregunta indiscreta...

—Sí tengo y él también vive en mi residencia.

—Éléonore, está siempre esa mirada de los demás... ¿Cómo la siente?

—Soy como los demás. Vivo como los demás. Y en cuanto a mi colectivo, las miradas están cambiando. Eso es lo que siento, en verdad».

MD: «¿Cómo hace cuando las miradas no... están bien?

—Las ignoro, ¡directamente!»

Valérie Trierweiler: «¡Yo tengo que aprender a hacer eso!»

En el plató, padres de niños que tienen una trisomía también dan su testimonio, como Isabelle y Augustin, y luego Jacqueline London, presidenta de la AFRT (Asociación francesa para la investigación sobre la trisomía 21). En los cortes para la publicidad hablo con Daphné Bürki y Augustin Trapenard.

Al final de la emisión los técnicos vienen a felicitarme. Luego charlamos con Valérie Trierweiler y Michel Denisot. Jean-Michel Aphatie me saluda. Parece un poco frío con Michel Denisot, pero conmigo no. Mi madre se encuentra con un amigo que trabaja en Canal Plus: Nicolas Nerrant. Es un fan de Blur. También escribía en su fanzine, pero mi madre no lo había visto desde hace años, después de un concierto... Estaba supercontenta.

Al día siguiente me invitan a hablar en la radio de las Naciones Unidas. Hablo de mi trabajo, Canal Plus, la trisomía... Pero la periodista me habla un poco en plan infantil. Cuando me pregunta qué mensaje quiero enviar, hablo de los médicos: «Me gustaría que las miradas cambiaran y también dirigir un mensaje a los médicos, que dejen de decir todo lo que es negativo, que dejen de hablar de "aberración cromosómica", porque no es verdad. No somos veneno, no somos como monstruos, vivimos como los demás». Luego le digo que me encantaría ir a New York si me invitan.

En mayo celebramos los cumpleaños de mi abuelo Padé y de Émile, el hermano de mi abuelita. Los dos tienen 90 años. Como ya no hay sitio en Moyenneville para la familia, que ha crecido, nos reunimos en un restaurante, el *Domaine des cascades*, en Wancourt. Voy con Robin, que está un poco perdido en medio de mi familia. Yo lo vigilo y le digo que se quede a mi lado. ¡Éramos ciento veinte! Robin encuentra que tenemos muchos primos y primas y una familia «muy voluminosa». Quería regalarle a Padé un libro que ha fabricado con un erizo, pero le ha salido mal el erizo: no tenía ni nariz ni ojos. A sus 90 años, a Padé le han regalado un GPS para su Corsa de color blanco, un iPad con un estilete y un ordenador. Ahora, con el ordenador, Padé hace solitarios y mi abuelita busca recetas en www.marmiton.org.

En el verano de 2013 paso mis vacaciones en casa de mi tío Pascal, el hermano de mi madre. Tiene una Harley Davidson Road

King Classic. ¡Magnífica! Vino a enseñármela a Arras el día que hice 26 años. Era una sorpresa. Acababa de comprarla. Va a muchos encuentros de *bikers*, en Roma, Barcelona... Con su Harley nos vamos a Narbonne-Plage. Cuarenta kilómetros. Yo me agarro a su cinturón. Vamos por las carreteritas que atraviesan el macizo de la Clape, los olivares. No tenemos tiempo de escuchar las cigarras. De vez en cuando, en la Harley, me grita: «¿VAS BIEN?» Entonces le respondo gritando igual para que me oiga: «SÍ TODO BIEN!» Y luego le digo: «¡Acelera, piensa en la cerveza que te espera!» Entonces acelera.

A mediados de julio estoy en el Splendid de Lille viendo a Devendra Banhart, como en 2007. Me quedo paralizada cada vez que lo veo. Adoro su forma de moverse. Además hace cosas raras con la voz, con la boca... y hace las "r" como en francés. Me parece que es porque creció en Venezuela. Es una pasada cuando canta: *I Feel Just Like a Child*. La que cantó en *Taratata*. Como siempre, dejo atrás a mis padres y me deslizo hasta la parte de delante. Soy pequeñita, no ocupo lugar, todo el mundo me deja pasar: «Perdón, perdón... perdón».

Al final del concierto, el baterista atraviesa la escena y me entrega sus palos. Yo estaba supercontenta. Mi madre conoce bien el Splendid, así que al final del concierto nos encontramos con Devendra, que está con unas diez personas, junto a su autobús. Le hago algunas preguntas sobre el grupo Suede, al que cita en la canción. Dice que eso es porque es fan de ellos. ¡Como nosotros! Los vio en 2002 en *La Route du Rock* de Saint-Malo. Nos dedica la doble página interior de su último álbum *Mala* con nuestras iniciales...

A finales de noviembre mis padres se enteran de que tengo una constricción en el corazón. Se preocupan.

> «He comido croquetas y luego nada funciona,
> Tengo trozos de esqueleto que hacen cualquier cosa,
> Pedazos de mí que hacen lo que quieren».

Esto es de Soan, en *Séquelles*. Me gusta esta canción, como *À tire-d'aile* y *Conquistador*. Un concierto de nada puede cambiar las ideas de cualquiera. Soan pasa el 1 de diciembre por Lille, en La Peniche, junto al Deûle. Así que vamos. Ya le he visto en vivo, pero me gusta tanto su estilo... descuidado, rock punk, su voz ronca, su música, sus textos... tengo sus tres álbumes.

Cuando llegamos la sala está a tope. Me escurro hasta la primera fila, como siempre hago. Ya me encontraré con mis padres al final del concierto. Soan canta unas treinta canciones, durante más de dos horas. A mitad del concierto me tiende la mano y me hace subir al escenario. No entiendo nada. El público aplaude. Yo cierro los ojos y aprieto mi cabeza contra su cuerpo. Me da un beso. Me sentía feliz. Unos días más tarde recibo una foto en Facebook, de Soan y yo. Alguien del público me fotografió. La pondré cerca de mi cama.

Cuando enseño la foto le cuento a todo el mundo que he hecho un dúo con Soan, pero mi madre dice que no es un dúo, que para eso hay que cantar. De todas formas era un bonito dúo...

27. ¡Hay que romperlo todo!

Tengo que estarme quieta y con esa máscara en la cara. Me estreso, lloro. Me preparan un cateterismo y una coronografía, bajo anestesia, a la altura de la ingle. El lunes 3 de febrero de 2014 estoy en el hospital, el CHRU de Lille, servicio de cardiología. No quiero que todo vuelva a ser como cuando era pequeña.

No saben demasiado qué es lo que tengo, así que me tienen que hacer pruebas. Hemograma, electrocardiogramas... Es mi corazón el que preocupa, una vez más. No me gustan los hospitales. No quiero que me vuelvan a operar. Los médicos ni siquiera saben si es posible, de tantas veces que me han abierto.

Pienso en el día de ayer, fuimos a comer al restaurante con Mathurin y su compañera. Un *souris* de cordero a la miel, una *crème brulée*. ¡Era delicioso! Quiero volver pronto a casa.

Luego, por la noche, aquí, mi madre me afeitó por todas partes, me duchó con Betadine... Está cerca de mí. Como siempre. Hasta le han dejado una cama de acompañante para pasar la noche. Por suerte tengo tele en la cama para seguir *Más bella la vida* y a mi madre para reírnos un poco.

Por la tarde veo al doctor Godart. Me lo explica todo: tengo la coronaria izquierda muy bien, una coronaria demasiado estrecha para que pueda verse algo y una válvula mitral que no está tan mal. Tengo que empezar desde esta noche un tratamiento para la insuficiencia cardíaca. Ahora tengo que tomar dos medicamentos: levotiroxina para el tiroides y Triatec para el corazón, además de mis vitaminas. También tendrán que hacerme otro coroscanner.

Más tarde veré a un cirujano que me dirá si tienen que operarme por el esternón. El doctor Godart me dice que quizás sea un hueso lo que me produce todos esos dolores. Como cuando mi padre circula sobre los pavimentos de adoquines de la Grand'Place, o la place des Héros, en Arras, con su Lexus: mi esternón hundido empuja hacia dentro. Por eso me ahogo a menudo y me duele.

El doctor Godart parece contento. Dice: «¡Vamos a encontrar qué es esa mala pasada!» Eso es lo que yo pienso. Estoy contenta de que mi madre esté ahí. Cada vez la necesito más, para lavarme, para ayudarme a ir al WC, para las comidas, para abrir la ventana... ¡Ahí dentro hace un calor que te asfixia! Ella me mima. Vemos *Familia de acogida* en la tele... Al día siguiente, el doctor me habla de una IRM. Si hay que hacerla para la cirugía del tórax, me dice que soy yo quien lo decidirá, porque es muy doloroso. «Hay que romperlo todo». Eso es lo que me dice. Romperlo todo... La verdad, ¡tengo miedo!

Como ayer y como antes de ayer, este miércoles me hacen un electrocardiograma de control, me toman la presión, sigo en 8,4. También me hacen una radio de tórax antes de salir. Manu viene a buscarnos al hospital, a mi madre y a mí. Su Lexus no es muy agradable cuando pasa por las plazas de Arras para ir a chez Becquart. Es como si me dieran puñetazos en el lado izquierdo y por delante, en el esternón. ¡Pero vamos a comprar *crépinettes* y eso me encanta!

Me quedo en casa de mis padres. Necesito que me mimen todavía... Me parece que el tratamiento para mi corazón me deja K.O. Tengo ganas de dormir.

28. «*In a beautiful world*»

Sigo luchando. Es lo que hago desde que nací, como dice mamá. Sigo teniendo graves problemas de salud, pero no soy un veneno. No lo soy para mis padres, en todo caso. Me quieren y yo también les quiero, vamos a solucionar esos problemas de corazón.

En la residencia todos hemos tomado caminos distintos. Pero vamos avanzando. Stéphanie firmó su primer CDI en la biblioteca de Beaurains. Robin está buscando trabajo, pero sé que pronto lo encontrará. Todos nosotros hemos tenido suerte de ver a gente, a gente diferente, constantemente, en la escuela, en el trabajo... Y por eso avanzamos. Si me hubieran puesto en un medio más cerrado me hubiera vuelto loca de remate.

Mi padre no tiene nada contra las instituciones especializadas, que también pueden existir. Pero dice que hay que acompañar a las personas afectadas por la trisomía 21 en un medio ordinario, no impedirles estar con todo el mundo. Yo estoy contra las instituciones cerradas. ¡Para mí son como hospitales psiquiátricos!

Desaconsejo a los padres que metan a sus hijos ahí. Es demasiado triste. Pero no es culpa suya: no lo saben. Tengo muchos amigos que están en medio cerrado. Veo que no se sienten bien. Yo me sentiría desgraciada si estuviera en su lugar.

Con mi padre estamos intentando sacar a Gilles-Emmanuel de su ESAT porque está harto. Quiere irse. Mi padre está hablando con el director del MacDonald's de Beaurains para ver si pueden contratarlo. Prefiero que se acompañe a las personas que tienen trisomía en un medio normalizado y que se ayude a la investigación para acabar de una vez por todas con esta enfermedad. Sé qué es posible. Pronto lo será. Por eso sueño con un «Trisothon». Me gustaría que acabáramos pronto con esto.

Benjamin es más que un compañero, es mi ex-novio. Tampoco quiero que él sea infeliz. Su padre es violento y no quiere dejarle que se vaya. Pero Benjamin es mayor de edad y no está solo. Estamos yo, mi padre, su jefe en la clínica donde trabajamos los dos, su psicólogo. Es lo que yo le repito constantemente. Tiene que irse, deprisa. Vivir solo, sin su padre. Con Manu tenemos que ayudar a Benjamin a encontrar un apartamento.

Robin quiere que nos mudemos, que vivamos juntos de verdad. Quiere que vivamos en una casita, pero no demasiado pequeña. Yo estoy bien así, cada uno en su apartamento. Robin insiste. Quiere que estemos juntos y que tengamos hijos. Pero eso de los hijos es una gran responsabilidad. Hijos y además mi trabajo, es demasiado para mí. Por ahora veo mi futuro con un novio y sin hijos.

Vernos una noche por semana ya me está bien. Es guay. Además no tengo que embalarme. Tengo palpitaciones cuando me siento feliz.

Robin quiere que duerma siempre con él. Eso no es posible. Tengo que levantarme pronto. Quizás más adelante, cuando él también trabaje... Sigue aprendiendo lenguaje de signos. No sé por qué, no conoce a ningún sordo. Y yo no conozco el lenguaje de signos para poder hablar con él. Tiene que encontrar como yo un trabajo estable y donde no tenga que ir demasiado deprisa.

Yo muchas veces tengo ganas de dormir con él, pero en mi casa sólo tengo una cama pequeña y un sofá que hace ruido. Hay que cambiar las reglas que propuse a la residencia. Además, las reglas no tendrían que aplicarse a los enamorados. ¡Las reglas son para los demás!

Y quiero ver a Robin feliz, oírle cantar *Someone Like You* de Adèle, como hace cuando está contento, y también *Firework* de Katy Perry, o sus otras canciones antiguas... y saltar por los aires, como en el clip. Quiero verle cuando yo quiera y poner el volumen a tope cuando oigo *Creep* de Radiohead, para escuchar mi música a todo trapo. Me hace llorar de lo bonito que es.

> *Your skin makes me cry*
> tu piel me hace llorar
>
> *You float like a feather*
> flotas como una pluma
>
> *In a beautiful world*
> en un mundo maravilloso
>
> *I wish I was special*
> me gustaría ser especial
>
> *You are soy fuckin' special...*
> Joder, eres tan especial...

Robin, te lo digo yo, seguiré ayudándote. Ya verás. Nos amamos. Estaremos juntos. Te haré la comida. Tu lavarás la ropa, te ocuparás de la lejía, de planchar, porque sé que eres un hombre. Quiero que se lo demuestres a los demás: eres un adulto. Pero tienes que ir hacia delante, deja de escuchar a los demás. Ya lo dije en el video de la conferencia de prensa: sólo tienes un cromosoma de más. ¡Las miradas de los otros nos importan un bledo!

Posfacio

El libro de Éléonore Laloux es un testimonio de una gran fuerza, que nos obliga a revisar categorías y prejuicios con los que solemos interpretar la realidad. Tendemos a construir nuestro mundo recurriendo a esquemas simples, en los que la definición de lo que somos y de lo que valoramos encuentra siempre un recurso fácil en el excluido de turno. Para construir una identidad nacional, necesitamos al extranjero: no hay espartano sin su ilota, ni ateniense sin su meteco. Otras identidades, como aquella tan frágil de la supuesta normalidad, necesitan otras clases de excluidos para sostenerse —y aún así, no lo consiguen.

Con apariencia más sofisticada y el aval de lo que se suele llamar ciencia, pero en gran medida con funciones similares, algunos diagnósticos y clasificaciones de las personas constituyen hoy día otro modo de gestión de la respetabilidad y de la irrespetabilidad, deciden el lugar central o periférico de los seres humanos en el mundo, y ayudan a mantener un orden que se suele dar demasiado por sentado. No se trata aquí de negar que las enfermedades existan, ni de discutir la necesidad de los diagnósticos, pero no podemos estar ciegos en cuanto al uso social de categorías que separan a las personas en compartimentos y marcan, cada vez más pronto, su destino en la vida.

La infancia temprana, hasta hace poco un refugio contra las exigencias de los discursos científico-burocráticos que todo quieren ordenarlo y normalizarlo, se ha convertido recientemente en terreno de una medicalización y una psiquiatrización crecientes. El argumento de la prevención y el tratamiento precoz justifica someter el comportamiento de los niños y su desarrollo a escrutinio. Pero éste pasa fácilmente de ser una medida prudente a convertirse en una intromisión abusiva, pues a menudo acaba dando carta de naturaleza a una ideología dominante del rendimiento. Para dicha ideología, el *summun* de la felicidad consistiría en ser apto para ocupar un lugar en una maquinaria productiva cada vez más exigente y menos dispuesta a dar compensaciones del tipo que sea a quienes a ella se someten. Y para ello, el niño debe entrenarse desde la cuna como futuro emprendedor.

Diagnóstico, pues, sea. Pero sin olvidar la importancia decisiva del cómo, el cuándo y el para qué.

Complejidad de la época

Por suerte, nuestra época posmoderna es lo suficientemente contradictoria y compleja como para que otras corrientes presentes en ella abran oportunidades a personas que hasta hace poco tenían un destino demasiado marcado y muy escasas, quizás nulas, posibilidades de escapar de él.

Ian Hacking, por ejemplo, muestra con gran fineza las interacciones entre las categorías clasificatorias y los grupos sociales por ellas creados. En cada uno de los sujetos clasificados por un diagnóstico se produce un efecto de identificación, efecto que en el pasado tenía sobre todo consecuencias excluyentes. Pero el poder de conectividad de Internet y ciertas mutaciones sociales que lo han acompañado han permitido que esos individuos, destinados a ser marginados, constituyan un grupo, el cual a su vez puede alcanzar una masa crítica que lo hace influyente en la escena política a distintos niveles. Se ve, entonces, que casi cada una de las categorías de exclusión tiende a convertirse en una forma de inclusión, aunque ésta sea paradójica y no exenta de conflictos. Invariablemente, los sujetos estigmatizados responden al término que los marcó —y lo hizo a veces con una violencia mal disimulada bajo la apariencia neutra de los protocolos— reivindicándolo, separándolo de las connotaciones negativas de aquello que se presentaba como realidad indiscutible garantizada por «la ciencia».

Esto se ha podido verificar con una serie de categorías diagnósticas, entre las que podríamos incluir la obesidad, también el autismo, etcétera... El libro de Éléonore muestra que otros diagnósticos experimentan desde hace un tiempo la misma evolución. Queda cada vez más lejos la época en que el síndrome de Down garantizaba un destino terrible, vivido como una maldición inapelable por las familias.

El caso de este síndrome tiene un lugar peculiar, además, porque a diferencia de otras entidades clínicas discutibles, o que incluso revelan ser construcciones, está perfectamente caracterizado y responde a una alteración cromosómica precisa. Sin embargo, la historia reciente nos muestra que ciertas enfermedades, por muy indiscutiblemente orgánicas que puedan ser, se acompañan de un conjunto de significaciones sociales, significaciones que todo observador no precavido tiende a «objetivar» atribuyéndoselas a las personas afectadas como si ellas las encarnaran. La estigmatización de personas afectadas no es un fenómeno exclusivo de la antigüedad, aunque ahora revista formas aparentemente más asépticas. Asépticas, claro está, sólo para el que las ejerce, no para el que las sufre.

Pero algo ha cambiado para bien en lo que se refiere a la aceptación social de las personas que sufren el síndrome de Down. Las consecuencias han sido espectaculares y han sorprendido a los propios profesionales que trabajan con niños etiquetados como «deficientes». En efecto, antes se tendía a pensar —¡tendíamos a pensar!— que el síndrome de Down se asociaba inevitablemente a un déficit intelectual grave y a menudo a trastornos psíquicos importantes. Las estadísticas, con su marchamo cientifista, se limitaban a «demostrarlo». Lo que se hacía de este modo, con una lógica circular aún demasiado vigente, era deducir, de lo que le ocurría en un momento histórico a la media del conjunto de la población afectada, un destino para cada niño o niña individual que venía al mundo con esa alteración cromosómica. Destino que se consideraba ineludible por desprenderse estrictamente de carencias inscritas en un programa genético y, por lo tanto, imposibles de tratar. Una vez más, el prestigio de la ciencia servía para disfrazar de pensamiento verdadero una falsa ideología.

Pero luego, el trabajo paciente de algunos profesionales y entidades (entre las cuales destaca la *Fundación para el Síndrome de Down*), y sobre todo la aventura individual de algunas personas y familias que, con la ayuda adecuada, supieron salir de esos caminos mal trillados para elegir su propia vida, demostró que eso que se suele llamar «inteligencia» es una construcción que, como tantas otras, se presta a ser de-construida. Aunque para ello, como siempre, hace falta valor. Valor, para empezar, por parte de los padres que se enfrentan al peso brutal de un diagnóstico en el momento en que, frente a su hijo recién nacido, el futuro se proyecta ante ellos como un larguísimo camino lleno de responsabilidades e incertidumbres. Y lleno también, cómo no, de absurdos sentimientos de culpa que no por ser absurdos se disipan tan fácilmente.

Como el relato de Éléonore muestra de un modo brillante, gran parte del destino del ser que acaba de nacer no depende tanto de la genética —sobre todo en el sentido pobre y restringido que demasiado a menudo se sigue dando a este término— como de la posibilidad por parte de sus padres de imaginar para él una vida buena y desearla intensamente. En ello influyen, claro está, sus disposiciones individuales, pero cuenta mucho más de lo que se cree el acompañamiento de una sociedad que, a través de una serie de profesionales —médicos, enfermeras, psicólogos, etc.— pero también instituciones —la escuela, el mundo laboral— transmite un mensaje de aceptación o rechazo. El Otro social está ahí, entrometido en esa escena aparentemente íntima, en presente y en futuro, en un momento que por otra parte es de gran soledad para la familia. Está ahí y sus mensajes llegan, llegan siempre, para bien y para mal. Grande es la responsabilidad de esos profesionales, que muchas veces no se dan cuenta de la importancia, más allá de sus funciones «técnicas», de sus palabras y de sus gestos, puesto que, lo quieran o no lo quieran, siempre representan mucho más de lo que son. No saben que lo que digan, bueno o malo, permanecerá quizás para siempre, como permanecerán también sus silencios.

Un destino singular

Pero hay otras cosas más sutiles en lo que Éléonore nos transmite. Ella nos enseña que la posibilidad de un destino individual, singular, más allá de lo supuestamente previsible, depende de que algo se produzca en los primeros días o meses en los que el nuevo ser aterriza en el mundo. Y esto no encuentra las circunstancias más favorables cuando las complicaciones orgánicas —en su caso cardíacas— ponen el organismo demasiado en primer plano y dificultan un contacto mínimamente normal con los padres. ¿De qué se trata? De que algo de lo singular de ese nuevo ser pueda atravesar las categorías, los prejuicios, los diagnósticos, y sea acogido por quienes lo reciben en el mundo. De que ese niño pueda ser representado por su nombre y no por el nombre del diagnóstico. Esto parece obvio, pero no es tan fácil.

Tres cosas que leemos en estas páginas le habrán llegado al lector, estoy seguro. Cosas a las que un psicoanalista es particularmente sensible:

- La primera, el llamamiento del padre, Emmanuel: «El estado de salud Éléonore es muy crítico. Ojalá vuestras oraciones la ayuden a permanecer con nosotros». Los psicoanalistas hablan a veces del Nombre del padre y, por otra parte, la expresión «en el nombre del padre» se encuentra en una oración universalmente conocida. Pero aquí el padre habla al mismo tiempo en nombre propio y pronuncia el nombre propio de la hija, disipando con fuerza las nubes de una serie de falsos nombres (*Down*, aberración cromosómica, veneno) que proyectaban sus sombras sobre ella. En aquel instante, todos aquellos que recibieron este mensaje paterno tuvieron la certeza del deseo de vida que lo animaba. Estas palabras hicieron muy presente a Éléonore con tan solo tres días de vida —¡y de vida muy precaria!— con toda la fuerza, más allá de las debilidades de su organismo.

- La segunda, un feliz encuentro hecho de voces y de miradas: «Luego dejan que mis padres me vean. Me miran a través de un vidrio. Tengo los brazos y los pies atados. Estoy crucificada, con la cabeza inmovilizada y tubos por todas partes. Ellos hablan y yo los oigo. Sonrío cuando reconozco sus voces. Mis padres se emocionan. Todavía les ocurre cuando me cuentan esta historia». Imagen memorable la de aquella sonrisa de Éléonore, sonrisa asombrosa en un cuerpo maltratado por la enfermedad e inevitablemente mortificado por los mismos recursos técnicos que tratan de salvar su vida. Su sonrisa se hace signo de un sujeto singular, más allá de cualquier diagnóstico. Quizás podamos ver ahí el primer triunfo, el anuncio de un alguien que sabía que no estaba solo y devolvía a quienes la habían traído al mundo el signo más eficaz de la alegría de vivir: una sonrisa. Y si hablamos de triunfo, la pregunta es: ¿en qué lucha?

• La tercera, la interpretación de la madre, Maryse, de la que conocemos una expresión tardía, pero no nos cabe duda de que se hizo presente a tiempo en momentos tempranos y decisivos: «Desde que naciste, luchaste por vivir». Y ese rasgo de la lucha lo reconocemos inmediatamente en Emmanuel, el hombre con el que esta mujer quiso ser madre. No en vano el verbo luchar aparece trece veces en un libro no muy largo, en pasado, presente y futuro, en primera persona, en la tercera del singular y del plural... y muchas veces en imperativo, como consigna que sirve de orientación para una vida, la propia de Éléonore, pero que también orienta una acción en lo social cuando anima la lucha por una causa.

La inteligencia de Éléonore

Antes hemos dicho que la inteligencia, prestigiosa en un mundo que ha pasado tanto tiempo dominado por el discurso de la eficiencia, extensión de la lógica del mercado a todos los aspectos de la existencia, puede ahora empezar a ser deconstruida. En realidad sabemos poco lo que decimos cuando decimos de alguien que es inteligente. Los tests miden lo que buscan, un tipo de inteligencia concreto, pero hay otras cosas que no se miden. Y no nos referimos a la «inteligencia emocional».

Me gustaría hablar, pues, de la inteligencia de Éléonore. Quizás no podamos decir mucho, pero sí algunas cosas, como que su inteligencia tiene buena parte de posición decidida y valiente. Tampoco eso es algo que le viniera dado como un regalo, como una condición previa —de hecho, una valentía que no haya conocido el miedo quizás no merezca tal nombre. En su relato hallamos momentos decisivos, en los que tuvo que vencer una fuerte angustia que se presentaba ante lo desconocido, angustia que, de haber ella retrocedido, la hubiera confinado en una inhibición intelectual que quizás hoy seguiría atenazándola. Éléonore consigue saltar el vacío que se abre ante sus pasos, contando con la ayuda de personas decisivas —los padres, la madre más en particular en pequeños momentos cotidianos, algunas profesoras— pero de cualquier modo fue ella quien lo hizo, pues bien hubiera podido no hacerlo a pesar de todos los apoyos recibidos. Vemos también que en esos momentos clave, lo que le da fuerzas a Éléonore es la capacidad y la posibilidad de confiar. Esa confianza es su seguro contra el vértigo. Pero lejos de ser un dato objetivo, hay también ahí una decisión del sujeto.

Vemos otro elemento en la inteligencia de Éléonore que me parece destacable. Me refiero a cómo tiene en cuenta sus propias dificultades, lejos de ignorarlas. Pronto encuentra para ellas un nombre que no es destructivo, inventa una manera de entenderlas que le permite asumirlas y enfrentarlas. Así, en relación a su paso por la clase maternal, dice: «Soy más lenta que los demás, eso es todo». Introducir en sus supuestas carencias esta medida temporal, algo que además se puede convertir en un estilo, me parece un modo excelente de tratar el propio síntoma: identificarse con él, pero evitando ser aplastado por su peso.

Se advierte además en Éléonore un saber preciso sobre los mismos modos en que combate ciertas dificultades: «Soy muy organizada y me concentro mucho para gestionar mis tareas. Además soy cuadriculada, minuciosa». Y aunque sabe que todo ello tiene algo de síntoma obsesivo, Éléonore está advertida de que, a falta de otros recursos para orientarse, ésa es su forma de luchar contra los equívocos propios de un mundo de lenguaje y sus efectos de desorientación, efectos que constituyen en gran medida lo que solemos llamar, intuitiva y abusivamente, «debilidad mental». Como en este pasaje: «si sólo nos decía "añadid los huevos enteros", algunos olvidaban romper la cáscara y los ponían "enteros", directo a la harina. Por eso hay que ser obsesivo. Yo en el trabajo siempre soy obsesiva, minuciosa». Y esta minuciosidad en la que Éléonore insiste no excluye lo que ella misma llama «mis fobias», de las que poco a poco dice haberse ido liberando.

Así, un elemento de orientación fundamental para Éléonore tiene que ver con su capacidad y al mismo tiempo su decisión para situar sus propios límites y para poder hacer el mejor uso de ciertos mecanismos de defensa que, de lo contrario, podrían encerrarla en un circuito cerrado.

Podemos decir entonces que ella tiene un tipo de inteligencia que los psicoanalistas consideramos fundamental y que podríamos llamar así: tener en cuenta, tomarse en serio lo más real que hay en uno, eso que se manifiesta de entrada en forma negativa —como impotencia, como imposibilidad— hasta que se puede asumir con todas las consecuencias como propio. Se trata, en efecto, de entender que eso mismo que molesta, eso que se atraviesa, define al fin y al cabo un modo de estar en el mundo y es algo que el sujeto podrá convertir en un estilo en vez de en una calamidad. Dicho de otra manera: tomarse en serio el síntoma de uno, asumirlo, aun manteniendo con él una distancia suficiente. De esto, Éléonore nos enseña algo.

Todos débiles

Jacques-Alain Miller, psicoanalista francés, pronunciaba hace poco una «declaración de igualdad clínica fundamental entre los seres hablantes». Durante décadas, la psiquiatría fue ampliando la gama de enfermedades, hasta tal punto que uno de los responsables del sistema diagnóstico DSM, Allen Frances, hacía recientemente sonar la alarma, reivindicando el retorno de la idea de normalidad.

Para el psicoanálisis, desde Freud, la normalidad como tal no existe, es una pérdida de tiempo reivindicarla. Pero Jacques Lacan radicalizó este pensamiento al decir que, al fin y al cabo, todos estamos locos, todos deliramos de una forma u otra —lo cual no quiere decir que todos los delirios sean iguales, ni que todos ellos constituyan una construcción sostenible, cosa que más allá de las categorías clínicas sólo se puede juzgar caso por caso.

Pero no sólo la locura es patrimonio de la humanidad. Miller, actualizando otro planteamiento de Lacan, planteaba que la debilidad mental también lo es. Y añadía que estamos todos condenados a la debilidad mental por lo mental mismo. Vivimos en gran medida entre construcciones imaginarias que tocan muy poco lo real. Cultivamos un mundo de sentido a rebosar, a veces demasiado, desarrollamos un culto por nuestro cuerpo narcisista. Nada de esto es tan inteligente y en realidad se basa en una tenaz pasión por la ignorancia. Pasión que, en otro orden de cosas, nos convierte en el tipo de ciudadano ideal para el sistema presente: el consumista. Que un adolescente pase cuarenta y ocho horas en la calle para comprarse el iPhone 6 no se considera un trastorno grave, lo convierte en el héroe del momento.

Nos enamoramos de lo mental, nos encanta pensar que es algo formidable y encima hoy día, quizás para consolarnos, nos gusta fantasearlo a partir de la analogía con una máquina muy sofisticada capaz de grandes rendimientos. ¡Qué bello ser una máquina! Pero el sueño de la Ilustración está acabado: no se ve el resultado de tanta inteligencia supuesta. Nuestro mundo es un mundo bastante tonto, en el mejor de los casos, malo en el peor. Hemos creado una máquina de discurso inmensa, con millones de palabras e imágenes, que se piensa sola y de la que los humanos somos ya hace tiempo meros auxiliares. Creemos que pensamos, pero quizás habría que reservar ese nombre para algo que pocas veces tenemos la oportunidad de hacer y, de tenerla, esa oportunidad, casi nunca la aprovechamos.

Si algo merece el nombre de inteligencia, son más bien formas de eludir esa dinámica de confusión universal y decir algo más simple y, sobre todo, más verdadero, incluso más real. Esto es algo que sólo se puede producir uno por uno, a partir de las condiciones de su cuerpo vivo, con los apoyos con los que tenga la suerte de contar o sin ellos, pero, en cualquier caso, con una decisión que llamamos insondable porque nadie sabe de dónde surge.

Bioética, biopolítica

No podemos predecir el partido que un niño sacará de las condiciones de su organismo, el uso que podrá hacer incluso de un cerebro muy dañado. Siempre recordaré a una niña que llamaré Blanca, que había pasado años sumergida en la confusión de una epilepsia gravísima, pero que cuando pudo despertar, gracias al milagro de una medicación que de repente hizo diana, empezó a hablar de sus años «oscuros» como de algo que le daba miedo pero que, a pesar de todo, había quedado atrás. Recuerdo que en aquella época, ya muy lejana, pensé que saldría de ese abismo mentalmente debilizada. Pero no fue así. Su decisión, su capacidad para sacar recursos de donde no parecía haberlos —su neuroimagen daba miedo— me conmovió, me produjo un sentimiento de admiración que aún hoy perdura.

Con Éléonore me pasa igual y estoy seguro de que a muchos lectores también les pasará. Por eso, más allá del lado alegre de su testimonio, de sus ganas contagiosas de vivir, tomo de él cosas muy serias que nos deben hacer reflexionar. Por ejemplo, algunas reflexiones, sencillas pero muy precisas sobre cuestiones que a veces se pierden en el lenguaje alambicado de la política cuando se aborda ese dominio tan en boga conocido como bioética.

Es impresionante como Éléonore nos convoca a un debate primordial sobre los efectos de la ciencia y el nuevo campo que se abre a la decisión del individuo moderno a partir de los descubrimientos técnicos que constantemente cambian nuestra vida. A menudo se plantea una tensión entre un cientifismo a ultranza, que banaliza el problema ético de la decisión con el lenguaje confortable de la «decisión informada», y posiciones reactivas de carácter religioso fundamentalista. Para Éléonore no se trata de la discusión interminable entre los defensores del «derecho» a la vida y los del «derecho a decidir». No cree en Dios y reconoce que una madre, o una pareja, podría llegar a decidir no traer un hijo al mundo en determinadas condiciones. Lo que ella plantea, a partir de su experiencia, es que las personas no deciden solas, sino en un contexto, y que no se trata tan solo de que dispongan de una información, sino de que puedan confiar en que los resultados de su decisión van a ser sostenibles, por el hecho de darse en una sociedad que aporta los medios para que las vidas que están en juego sean vivibles.

Las cuestiones de bioética no pueden ser resueltas sólo por los especialistas a sueldo de las burocracias estatales y transnacionales que nos gobiernan. Los debates de que se trata están demasiado impregnados de los condicionantes de las agendas políticas. Tampoco puede dejarse todo ello al albur de grupos de presión que esgrimen argumentos científicos encargados a equipos de investigadores. Cada vez más, el testimonio de los afectados debe ocupar un lugar de honor en esta conversación democrática. Y cuando hablamos de afectados, es lógico pensar en las familias, pero lo que más importa es la voz de personas como Éléonore, capaces de hablar, en primera persona, de cuestiones candentes como la detección precoz de enfermedades a partir de marcadores genéticos, de las formas más variadas de la exclusión, etcétera.

En el mundo actual —y previsiblemente así será también en un futuro cercano— cada vez más voces, voces a veces inesperadas, incluso inauditas, se harán audibles y tendrán un peso creciente. Éste es el lado amable, interesante, de una época que hay tantos otros motivos para criticar. En un mundo cada vez menos totalizable, menos controlable, sin universales, la singularidad tiene un lugar cada vez más importante.

Si todos somos débiles mentales, ¿por qué sólo algunas personas reciben esa etiqueta? En gran medida, porque carecen de los recursos que otros tenemos para disimular nuestra profunda debilidad mental. Pero no deberíamos creernos tan inteligentes: eso es lo que nos hace más tontos. Y de nada nos hubiera servido si hubiéramos tenido que luchar, como Éléonore, con condiciones tan adversas desde el momento de nacer, con un cuerpo enfermo y con un sistema nervioso quizás demasiado lento. Lento para interpretar bien y a tiempo ese inmenso barullo de voces de las que el niño que aún no habla, el *infans*, para sobrevivir como sujeto, tiene que extraer cuanto antes algún orden, algún norte que le permita orientarse.

Éléonore era lenta, pero aún así, en un momento crucial, supo distinguir las voces de sus padres y a ellas pudo aferrarse. Su sonrisa fue la señal de salida: había entendido. Desde entonces, podía seguir adelante y no ceder.

Enric Berenguer